스피치그램

스피치그램

초판 1쇄   2018년 08월 08일

지은이   이고운
발행인   김재홍
기획   1인1책(www.1person1book.com)
디자인   이슬기
교정·교열   김진섭
마케팅   이연실

발행처   도서출판 지식공감
등록번호   제396-2012-000018호
주소   경기도 고양시 일산동구 견달산로225번길 112
전화   02-3141-2700
팩스   02-322-3089
홈페이지   www.bookdaum.com

가격   15,000원
ISBN   979-11-5622-384-9   03190

CIP제어번호   CIP2018017691
이 도서의 국립중앙도서관 출판예정도서목록(CIP)은 서지정보유통지원시스템 홈페이지(http://seoji.nl.go.kr)와 국가자료공동목록시스템(http://www.nl.go.kr/kolisnet)에서 이용하실 수 있습니다.

스피치 그램

아이돌·연예인의
스피치트레이너가 알려주는
요즘 말하기

매력 자본이 대세인 시대, 진짜인 나로 힙하게 말하기!

♥ 999 like **이고운** 지음

#상대가 원하는 말의 이미지 #시대가 원하는 말의 무게

지식공감

프롤로그

스피치,
꾸준함의 무게를 늘려라!

한때 나는 그저 도망 다니는 것에 익숙한 사람이었다. 한마디로 마음이 찢어지게 가난했고, 소심한 사람이었다. 발표나 어려운 대인 관계는 일단 피해야 편했고, 그래야만 살 것도 같았으니까! 그렇지만 점점 시간이 흐르면서 그 도망이라는 것에 대해서 굉장히 생각이 많아졌고, 스스로에 대한 실망과 아쉬움이 가득해졌다.

'난 왜 이것밖에 안 될까?'
'정말 지금 이 모습이 나의 모습인 걸까?'
'혹시 나도 바뀔 수 있지 않을까?'

다행스럽게도 내 속에 아직 살아남은 열정이 현재를 부정하는 대신, 나를 분석하기 시작했다. 외부 환경 탓에 자존감이 한껏 눌려있던 나, 타인의 시선이 두려워 잔뜩 움츠리며 눈치를 보는 나를 발견하게 되었다. 발견에 그치지 않고 그때부터 노력하기 시작한 것이 정말 인생의 보배였다. 정말로 눈물겨운 스스로

와의 오랜 사투가 시작된 것이다.

　그 덕분에 지금은 '이고운 강사', '이고운 아나운서'라는 키워드로 웹 검색을 하면 기사와 칼럼, 포스팅이 뜨는 사람으로 멋지게 성장할 수 있었다. 경상도 출신임에도 불구하고 말투를 고친 의지의 아나운서이기도 하고, 강남에 있는 연예기획사들에서 아이돌 지망생들도 코칭하고 있을 만큼 유쾌한 기질도 커리어에 녹일 수 있었다. 내 변신의 크기는 스스로도 벅찰 만큼 크기 때문에 '나는 다시 태어났구나!'라는 생각이 들 정도이고, 가족이나 주변 친구들도 많이 놀랐다고 한다.

　"와, 정말 너가 예전에 그랬다구?"
　"무슨 짓을 했길래 극복에 성공한 거야?"
　"에, 거짓말이지? 상상이 안 되는데?!"

　당연히 사람들은 나에게 자주 비결을 묻곤 한다. 그 노하우를 전하자면 한마디로 견뎌내는 힘에 있었다고 해도 과언이 아니다.

예전에 가지고 있던 '발표 울렁증' 증상을 좀 더 구체적으로 설명하자면, 본래 민감하고 예민한 신경을 타고난 탓에 조금의 큰소리나 긴장에도 상체와 얼굴이 뜨겁게 달아올랐고, 손이 급격하게 떨린다거나 별것 아닌 일에 쉽게 당황하고 심장 소리가 귓전에 맴도는 현상을 겪었다. 그리고 발표에 대한 스트레스는 신경성 편두통과 위장장애로 이어지기도 해서 나를 늘 고통스럽게 만들곤 했다.

이렇듯 격한 신체 반응들은 본래 끼가 많았던 잠재성을 더 잠재우는 효과를 냈고, 대학 생활 내내 일명 '아웃사이더'로 스스로를 가둬버리기까지 했으니 어찌 도망을 안 갈 수가 있었을까! 하지만 결국 나는 견뎌냈다. 비록 간간이 상황을 회피하며 도망은 다녔지만, 사실 세상과 소통하고 싶은 사람임이 분명했던 것 같다.

'이 모든 것들을 힘들게 견디면서도 왜 바뀌고 싶었을까?'

다행스럽게도 나는 꿈이 있는 사람이었다. 사실 꿈은 그리 구체적이지 않았지만, 청년으로서의 나를 응원하며 무엇으로든 멋지게 변화하고 성장하기를 바라는 꿈이었다. 그래서 곰곰이 생각해보니까 처음에는 직업의 본질에 끌려 방송일을 지망한 것이 아니라, 변화에 대한 보상심리가 반영된 꿈이 아나운서였던 것 같다. '이만큼 변한 김에 한번 말하는 직업을 가져보자!'

라는 오기가 첫 진로를 만들어버린 셈이다.

　그러던 어느 날 우연히 시작했던 스피치 강의와 코칭 일은 내 삶의 방향성을 바꿔버렸으며 지금의 소신과 교육철학을 만들어 준 소중한 계기였다. 방송일이나 행사 MC 일에서 느끼던 감흥과는 달리, 타인의 삶을 직접적으로 돕고 변화시킬 수 있다는 사실, 그로 인해 내 삶까지도 멋지게 바뀐다는 사실이 너무나 매력적이었다.

　웹을 통해 코칭 이야기가 파급되자 온라인강의, 아이돌을 꿈꾸는 지망생의 커뮤니케이션을 코칭하는 커리어가 탄생했다. 모교 한양대에서는 '스피치커뮤니케이션' 교양 강의를 맡게 돼서 많은 후배들을 지도하기도 하며 값진 보람을 느낄 수 있었다.

　말만 잘하는 강사가 아니라, 말도 잘 가르치는 강사로서 그리고 일반 및 연예인 코칭 노하우와 케이스를 저서로 꾸준히 펼쳐 내면 좋겠다는 생각으로 원고를 집필했다. 나로 인해 스피치의 본질과 열정의 불씨를 얻어 갈 사람들을 더 많이 만나고 싶은 까닭이기도 하다.

　책 제목인 '스피치그램'(Speech Gram)은 말 그대로 스피치 실력의 무게를 더하자는 뜻이기도 하고, 사람들이 인스타그램에 포스팅을 하면서 해시태그에 '그램'이라는 접미사를 사용하는 트렌드를 본따기도 했다. 스피치를 일상처럼 가볍고 즐겁게 공부했으면 좋겠고, 일상의 다양한 스피치 이야기를 담았다.

내용은 총 7가지의 파트로 옴니버스식으로 구성되어 있기 때문에. 순서 상관없이 필요한 부분부터 읽어도 무방하다.

1 GRAM은 스피치를 대하는 마음가짐과 용기에 대한 내용으로, 무엇보다 스피치는 자신감이 충만한 상태에서 용기를 가지고 할 수 있어야 성공적이다.

2 GRAM은 연습과 훈련법에 관련된 내용이다. 스피치는 기본기와 연출 방법을 익힌 뒤 연습에 임해야 보다 더 효율적이다.

3 GRAM은 비언어에 관련된 내용들로서 사실상 말의 실력과 인기도를 판가름하는 비언어의 힘에 대해 이야기했다.

4 GRAM은 말의 구성 형태가 아니라, 소재를 쌓는 부분에 대해 설명했다. 트렌드와 시대의 변화에 따라 가장 많이 변화하는 부분이다.

5 GRAM에서는 실전에서 보다 멋지게 말할 수 있는 연출법을 다뤘다. 대부분 이론이 아니라, 효율적인 노하우이기 때문에 간간이 등장하는 방법을 직접 실천하면 큰 도움이 된다.

6 GRAM에서는 스피치의 본질인 소통과 설득에 대해 이야기했다. 무엇보다 소통이 일어나기 위해서는 상대방을 이해하고 설득하는 작업이 중요함을 깨달아야 한다.

마지막 7 GRAM은 우리가 선망하는 말하기 고수들의 이야기와 소위 '핫'하다고 불리는 유튜브 크리에이터의 말하기 특징에 대해 다뤘다.

나는 특히 마지막 부분 원고를 작업하면서 스스로 흥미를 많이 느꼈는데, 요즘 많은 청소년들이 유튜브 크리에이터에 관심을 두고 있기 때문에 나 또한 관심을 가지고 분석을 할 수 있었다.

스피치그램이 나오기까지는 많은 분들의 격려와 응원이 있었다. 나에게 외유내강의 DNA를 만들어주신 부모님을 비롯한 가족과 친구들, 멘토가 되어 주시는 유명 작가님들, 멋지게 출판 진행을 도와주신 1인1책 김준호 대표님, 나의 있는 그대로를 쓸 수 있게 배려해주신 지식공감에 감사를 드린다.

이 책은 무엇보다 그런 독자들이 읽었으면 좋겠다. 내 안에 깊숙이 잠들어 있는 나를 깨우고 싶은 사람, 그런데 통 깨우는 방법도 모르겠거니와 깨워 일으켜서 유쾌하게 춤추도록 만들고 싶은 사람! 무엇보다 스피치를 쉽고 유쾌하게 익히고 싶은 사람!

윈스턴 처칠의 명언 가운데 "성공이란 열정을 잃지 않고 실패를 거듭할 수 있는 능력이다."라는 말을 좋아한다. 스피치에 있어 완벽이란 경지는 존재하지 않는다. 항상 부족한 실력으로 느껴지지만, 더 나은 다음을 위해 노력할 수 있는 꾸준한 여러분이 되기를!

추천사

　이미지로 소통하는 SNS가 인스타그램이라면 품격 있는 말로 감동의 무게를 더하는 그랜드슬램은 스피치그램이다. 입으로 말하는 화술을 넘어 몸과 마음으로 자신의 매력을 드높일 수 있는 따뜻한 비법을 쉽게 참고할 수 있도록 녹여냈다. 참을 수 없는 가벼운 말과 글이 세상을 뒤덮고 있을 때, 스피치그램은 말의 깊이뿐만 아니라 마음을 가게 만드는, 무게 있는 감동으로 다가온다. 나다움을 드러내 자기답게 살고 싶은 모든 사람들에게 스피치그램은 필독서이자 지침서가 아닐 수 없다.

　　　　　　　　– 지식생태학자 유영만, 한양대학교 교수, 『독서의 발견』 저자

♥

　수많은 사람들이 말 잘하는 사람이 되고 싶어 합니다. 편한 친구들과는 스스럼없이 대화하는 사람들도 직장이나 학교 혹은 특정한 상황에서 이야기하는 것에는 두려움을 느끼기도 하지요. 그만큼 말 잘하기는 참 어렵습니다. 그래서 이 책은 의사소통의 본질을 이야기합니다. 그리고 훌륭한 말하기를 위한 실질

적인 요령과 방법들까지 설명하고 있습니다. 이 책과 친해져 보시죠. 여러분의 말은 조금 더 묵직해질 것이며 그리고 스피치의 두려움은 훨씬 더 가벼워질 겁니다.

> — **아나운서 서인**, MBC 출발 비디오 여행, 서인의 새벽다방 진행자

♥

스피치와 용기, 두 마리 토끼를 모두 잡고 싶을 때 이 책을 두고두고 꺼내볼 것 같다. 무엇보다 깨알같이 실용적이며 분석적인 노하우들이 말을 잘하고 싶은 이들에게 꿀팁이 될 듯! 특히 말을 좀 해본 사람들은 이 책을 읽으며 고개를 계속 끄덕이며 보게 될 것. 기본기부터 트렌드까지 한 번에 정리 끝. 이 책은 소장각!

> — **음악감독 조해인**, 가수, 방송인

인터뷰를 많이 해보면서 느낀 점은 사회에서 성공하거나 유명한 분들 모두 스피치를 잘한다는 것이다. 스피치 전문가 이고운의 『스피치그램』을 통해 독자분들의 스피치의 무게, 즉 스피치 영향력이 바뀐다면 여러분도 셀럽이 될 수 있을 것이다.

– SNS작가 이창민, 『믿어줘서 고마워』 저자

♥

디지털 시대에 대중에게 본인의 의견을 전달하는 방법은 매우 다양해지고 있다. 하지만 여전히 청중을 직접 만나 눈을 맞추고 호흡을 하며 의견을 전달하는 스피치와 같이 효과적인 방법은 흔치 않다. 대중 앞에서 적극적으로 스피치를 시도할 용기가 필요한 사람과, 보다 효과적으로 커뮤니케이션을 실천하고 싶은 사람에게 이 책을 권하고 싶다. 아날로그적인 스피치는 앞으로도 상당 기간 디지털로 담기 힘든 감성을 풍부하게 나타낼수 있기 때문이다.

– 한양대학교 교수 김치호, 문화콘텐츠학과장

♥

모두가 연결된 초연결사회에서는 온라인에 기록된 과거만 기억된다. 자신의 인생을 누군가가 대신 기록해주지 않기 때문에, 스스로 콘텐츠의 형태를 만들어 기록해야 한다. 콘텐츠는 곧 자신의 분야에서 열심히 살았다는 증거가 되기 때문이다. 저자는 이 원리를 그 누구보다 잘 알고 있기에, 스피치 실력을 바탕으로 더 좋은 콘텐츠를 위한 전략들을 선보인다. 지금 바로 용기를 가져보자는 저자의 주장에 힘을 실어주고 싶다.

– 파워블로거 장근우, '사원나부랭이', 『콘텐츠의 정석』 저자

♥

소심함, 예민함, 발표 울렁증…. 타인 앞에서 말을 하는 것을 업으로 삼은 사람에겐 어울리지도, 어울려서도 안 되는 것들이다. 저자 이고운은 불행히도 이 모든 불리한 조건들을 타고났다. 그러나 그에겐 불행과 불리함을 극복할 수 있는 잠재력과 의지, 용기가 있었다.

그녀의 '말'에 진정성이 느껴지는 것은 그런 이유에서다. 단순히 말을 잘하기 위한 얄팍한 스킬을 원한다면 그의 책을 펼치지 않아도 좋다. 그런 책은 이미 세상에 차고 넘치기 때문이다. 스토리가 살아 있는 말하기, 거기에 인간적인 매력까지 담아내고 싶다면 그의 말 한마디 한마디를 곱씹어보자.

– 기자 박상훈, MBN 보도국 소속

C O N T E N T S

┌ ┐
│ **1** │ 마음의 무게는 비우고 용기를 채우자!
└ GRAM ┘

CONTENTS

SPE

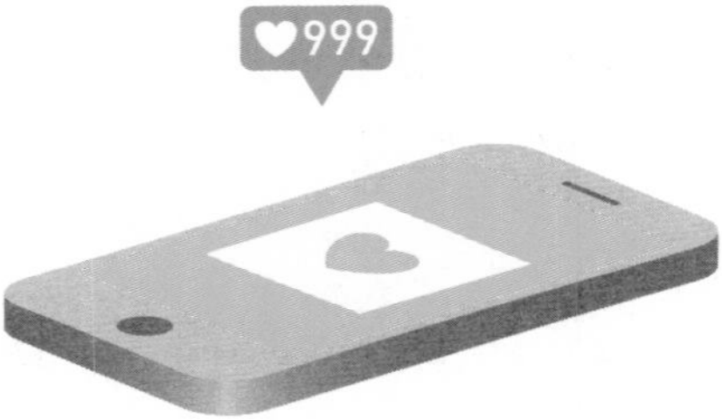

GR

마음의 무게는 비우고
용기를 채우자!

스피치 근육 키우기

"고운 아나운서님, 목소리 정말 좋으세요!"
"와 역시 아나운서는 다르네요! 타고나는 것 같아요. 맞죠?"

행사나 강의가 끝나고 나면 내게 다가와 칭찬을 해주시는 분들이 많다. 사실 예전에는 미처 상상도 할 수 없었던 현상이기 때문에 가끔은 알 수 없는 감정에 울컥하기도 한다. 타고난 것이 아니라, 철저하게 만들어진 이미지와 스피치로 이 일을 성취할 수 있었기 때문이다. 대체 몇 년을 울면서 연습하고 고치고를 반복했던 것인지……. 그동안의 시행착오를 떠올리면 아찔할 정도로 나는 꽤나 의지가 강한 사람인 것 같다.

더 높이 뛰어올라 발차기를 시원하게 하고 싶었고, 발차기를 하는 동시에 송판을 깨며 멋지게 착지하고 싶었지만 좀처럼 굳어서 찢어지지 않는 다리의 현실은 슬픔 그 자체였다. 하지만 그

때마다 '할 수 있어. 할 수 있을 거야. 목소리도 더 크게 키울 수 있고, 말도 순발력 있게 뱉을 수 있을 거야!' 하는 긍정과 '나 아직 젊잖아! 지금 하지 않으면 나중은 없을 거야!' 하는 스스로의 안타까움이 나를 일으켜 세운 원동력이었다.

스피치는 정말 하면 할수록 신기한 재능이다. 무에서 유를 창조해내듯 전혀 다른 스타일로써 모양새가 만들어지기도 하니까 말이다. 나의 경우는 심리적인 문제와 신체적인 문제들이 복합적으로 작용했기 때문에 스피치 순간이 공포로 다가오곤 했다. 지금의 180도 달라진 내 모습에 비하면 내 어린 날의 기억들은 정말 너무나 안쓰럽다. 그리고 그런 나를 쭉 지켜봐 온 남동생은 초등학교 때의 나와 현재의 나를 비교하면서 '인간승리'라고 말하기도 한다.

남동생과 나는 같은 초등학교를 다녔다. 재학시절 전교 부회장이던 나는 방송조회 때마다 교내 TV에 얼굴을 드러냈는데, 그때 브라운관에 등장했던 내 시뻘건 얼굴을 보면서 남동생은 늘 책상 밑으로 숨고 싶었다고 한다.

내성적이었던 내가 전교 부회장에는 어떻게 뽑혔을까 신기하기도 한데, 어쨌거나 발표나 스피치 기회만 생기면 자꾸만 당황하는 것이 나의 고민이었다.

당황했을 때 신체적인 반응이 극적이었던 나는 그 반응에 더 어쩔 줄을 몰라하곤 했다. 나에겐 너무나 치명적인 수준의 신경 반응이었다. 의지와 다르게 자꾸만 엇나가는 신체 반응은 급기야 나의 자신감마저 갈가리 찢어놓고야 말았다.

'나는 정말 내성적인 사람인 걸까?'
'내성적이라서 말하기가 어려운 것일까?'
'이런 나도 TV 속 아나운서들처럼 멋지게 변신할 수 있지 않을까?'
'왈가닥 같던 개그맨들도 일상에서는 말수가 없고 내성적인 경우가 많다잖아!'
'내 안에 몰랐던 내가 숨어있지는 않을까?'

나는 스피치에 대한 궁금증이 굉장히 많았다. 그리고 왜 내가 스피치를 힘들어 하는 것인지에 대해 전문가의 소견을 들어보고도 싶었다. 그럴만한 기회는 없었기 때문에 스피치 책을 이것저것 사서 읽어보기도 하고 내가 어떤 상황과 어떤 조건에서 당황하는지, 누구 앞에서 주로 힘들어하는지에 대해서 마치 대학 논문 쓰듯 스스로를 연구도 해봤다. 그러면서 꽤 오랜 시간이 흘렀고 아이러니하게도 나는 그 노력 속에서 노하우가 생기기도 했고, '말하는 직업'을 쟁취하는 경지에도 이르게 된 것이다.
말하기는 오직 연습만이 생명이라던 어느 책의 한 구절이 결코 '뻥'이 아니란 것을 스스로 체득하고 난 뒤, 나는 교육생들이나 주변에 항상 연습을 찬양하고 다닌다. 알려진 바와 같이 명사 스티브잡스도 역시 단 한 번의 멋진 프레젠테이션을 위해 항상 어마어마한 연습과 준비를 거쳤다고 하지 않는가.

나는 스피치 학습과 연습에 대한 중요성을 주변이나 교육생들께 강조할 때마다 자주 '근육'에 비유를 하곤 한다.

"헬스장에 가서 근육 혹시 키워보셨어요?"

난데없이 근육을 키워봤냐고 질문하는 나. 근육을 만들어 본 사람이라면 공감하겠지만, 꾸준하지 않으면 근육이 금방 훅 달아나버리고 어느샌가 보기 싫은 지방 세포들이 그 자리를 대신하며 웃고 있다.

"스피치도 근육과 마찬가지로 닮아 있어서 꾸준히 트레이닝하지 않으면 그 존재가 사라지지는 않지만 진면목이 감춰져 버려요. 더 멋지게 모양새를 다듬고 키워서 근육맨이 돼 보아요!"

이렇게 열정과 공감을 잔뜩 묻힌 나의 격려 멘트에 교육생들은 함께 힘을 내어 파이팅을 외칠 수밖에 없다. 바로 눈앞에 스피치계의 머슬퀸, 의지의 고운쌤이 있으니까!

#스피치근육 #꾸준한훈련 #연습은생명
#스피치키우기 #연습벌레_스티브잡스

반성이 있어야 실력이 생긴다

　스피치 공부에 있어서 정말 중요한 부분은 직접 입으로 뱉는 실습이다. 실습을 하지 않고서 이론만 공부하는 것은 글쓰기를 입으로 하고, 손으로 쓰지 않는 것과 마찬가지라고 상상하면 된다. 더불어 중요한 작업은 바로 피드백이다. 피드백 없는 연습은 제자리걸음의 느낌마저 들게 만든다.

　피드백을 할 때는 직접 스마트폰이나 캠코더와 같은 장비로 스피치 장면을 촬영해서 보는 것이 굉장히 효과적이다. 다시 되돌려 보면서 함께 모니터링을 하고 피드백을 하는 과정에서 많은 것을 느끼고 얻어갈 수가 있기 때문이다.

　"민망해서 못 보겠어요!"
　"아, 정말로 못 보겠어요"
　"선생님만 보시면 안 될까요?"

십중팔구는 수업 때 스피치를 촬영 후 자신의 모습을 보는 것에 소위 말하는 '오글거림'을 느끼고야 만다. 꼭 자신의 스피치를 녹화해서 살펴보고 피드백해야 하느냐고 반문하는 사람도 있지만, 이 작업은 실력을 늘리는 데 있어서 정말로 필요하다. 요즘은 스마트폰이라는 첨단기기가 있어서 예전처럼 캠코더로 찍고 비디오플레이어로 봐야 하는 번거로움이 없기 때문에 얼마나 편해졌는지 모르겠다.

'다음에는 더 잘해야지!'라는 생각만으로 아나운서 시험 도전을 거듭하던 나의 20대 초중반 시절을 생각하면 정말 쓴웃음이 난다. 다음 기회를 누가 또 준다고 한 것도 아닌데, 나는 왜 그렇게도 긍정적이고 도전의식만 충만했던 걸까! 생각해보면 스피치 연습 방법도 잘 몰랐지만, 피드백이나 모니터링도 많이 하지 않았다. 한편으로 생각해보면 나의 멘트실력을 다시 모니터로 확인하는 것이 정말로 민망했던 것 같다.

'아, 저렇게밖에 할 수 없었나?'
'표정 좀 봐, 입모양이 왜 자꾸 삐뚤어지는 거지?'

나의 경우 내 스피치 하는 모습을 바라보는 것이 방송사 시험 탈락의 악몽을 떠올리게 해서 고통스러웠다. 그 고통을 조금이나마 극복하고 계속 모니터링하고 개선을 위해 더 노력했더라면 지금의 나는 또 어떻게 달랐을까? 궁금하다.

　지금처럼 발성을 안정적으로 내고, 편안하게 말할 수 있게 된 것은 오로지 스스로를 극복하기 위한 의지와 동시에 피드백에 대한 민망함을 극복하면서부터다. 나는 가장 고치기에 어려움을 겪는 것이 약간의 숨찬 기분을 느끼는 증상이었다. 말을 할 때마다 호흡에 문제가 생기는 느낌이었다. 호흡을 제대로 하지 않았기 때문에 말의 발성량이 일정하지 않았고, 나중엔 지쳐서 말소리가 흐려지는가 하면, 숨이 가쁘기 때문에 자연스럽게 얼굴이 더 붉어지기도 했다.

　이렇듯 스피치를 할 때마다 문제가 되는 호흡을 고쳐야만 하는 상황이었는데, 당시에는 제대로 된 스피치 아카데미를 찾기도 어려웠기 때문에 스스로 책을 보거나 온라인 정보를 접하면서 이래저래 시행착오를 겪었다.

　우선은 복식호흡부터 시작했다. 복식호흡을 왜 해야 하는지 이론으로는 알고 있었지만, 막상 직접 실천해보니 말을 할 때 호흡량은 굉장히 중요한 부분이었다. 가수들도 마찬가지로 폐활량을 늘이는 복식호흡을 꾸준히 트레이닝 하고 있다. 스피치 때마다 마지막 어미가 흐려지곤 했는데, 이는 말의 의미단위로 중간중간 끊으며 호흡하는 포즈를 두려고 노력하다 보니 점차 나아졌다. 음량이 일정해지고 후반부로 갈수록 떨리던 목소리가 곧게 펴지는 느낌을 경험하면서부터는 스스로 감동이 밀려왔다. 변화로의 성취감이란 이루 말할 수가 없는 선물과도 같았다. 이렇듯 매번 나의 스피치나 영상을 다시 살피면서 반성하고 또 의식하는 과정을 반복했다. 직접 피드백의 효능을 느껴봐서인지 나는 늘 강의에서 교육생들의 실습과 피드백에 더 신경이 쓰일 수밖에 없다.

"시선이 자꾸만 좌우로 불안정하게 움직이네요!"
"스텝을 자꾸만 밟으시는데. 설마 의도하신 건 아니겠죠?"

이렇게 피드백을 드린 뒤 되돌아오는 답변에 따라 다시 상담을 해드린다. 그리고 다음 수업 때는 그 부분을 의식하며 다르게 말하는 연습을 기울인다. 이런 과정을 반복하면서 단 며칠만에 크게 변화한 분도 계시고, 보통은 한 달 안에 많은 성과를 보여주신다. 스피치는 정말 피드백의 효과가 크다는 것을 매번 느끼는 부분이다.

아무 생각도 없이 임하면 정말로 무모함을 경험하게 된다. '일단 부딪혀 보는 거야!' 식의 패기와 열정이 스피치 실력의 답은 아닌 것이다. 하지만 그것도 하나의 데이터로써 활용하면 좋다. 안정적인 실력을 갖추기 위해서는 다시 한 번 되짚어보고, 다음 발표 기회에서는 다른 방식을 취해 연습해보자. 스피치 실력을 탄탄하게 쌓는 좋은 방법이 될 것이다. 무엇보다도 이러한 과정을

그르치는 방해꾼, '귀차니즘', '민망함'이란 녀석들과 잘 싸워내야
하고 말이다.

무의식을 바꾸면 긴장감이 바뀐다

  스피치 능력을 저해하는 요인 중 가장 큰 하나, 바로 심리적으로 나 자신을 괴롭히는 무의식적 긴장감이다. 특히나 긴장감이 신체적 현상으로 나타나는 사람이라면 더더욱 큰 고민이 될 수밖에 없다. 그나마 남아있던 '잘하고 싶다'는 의지마저 깎는 기재로 작용하기 때문이다.

  나는 어린 시절에 이어 대학 시절까지도 발표로 인한 두려움에 자주 시달렸고, 긴장감에 대한 고민을 달고 살았다. 스무살이 되자마자 큰 꿈을 안고 상경을 했는데 발표 때문에 내가 이렇게 작아져야만 하는가에 대해서 자주 서글픈 마음이 들었다.
  조별로 발표를 해야 하는 상황이 오면 늘 먼저 조원들에게 "저는 PPT를 만들게요!" 하고 가장 순발력 있게 선점을 하기도 했으니 그 두려움은 알만도 하다. 그 후로도 줄곧 발표를 피하곤 했던 나. 아이러니하게도 대학에서 나는 교내 방송국 아나운서였다. 그래서 더 사람들이 의아해했다.

"야, 너는 아나운서잖아! 발표 정도는 껌인 거 아냐?"

이 말을 너무 자주 들어서 그 괴로움은 더 배가 됐다.

사실 학교 방송은 작은 부스에 혼자 들어가서 마이크에 대고 원고를 읽는 방식이었던 반면, 발표는 학술적인 내용을 익힌 뒤 청중 앞에서 말하는, 전혀 다른 형태의 스피치였던 것이다. '말이라고 다 같은 말이 아니란 말이야!' 사람들의 시선은 야속하기만 했다.

그러던 어느 날, 더 이상 발표를 피해 다니다간 왠지 내 청춘에 오점을 남길 것만 같은 커다란 감정이 습격해왔다. 더군다나 대학 수업의 트렌드가 발표와 토론으로 흐르고 있었기 때문에 더는 도망갈 수가 없는 상황이었다. 결국 질질 끌려가듯 힘겹게 발표와 마주하기 시작했다.

'나는 도대체 왜 이렇게 심히 떠는 걸까?'

'나는 왜 긴장을 하면 열이 올라오는 거지?'

우선 발표 전 긴장을 하면 상체로 열감이 오르는 까닭에 그 불쾌한 느낌을 어떻게 해소해야 하는지가 늘 고민이었다. 어디 물어볼 곳이 마땅찮았던 나는 온라인 커뮤니티에서 심리 전문가분께 질문의 글을 올렸다. 그랬더니 이런 답글이 달렸다.

"학생과 같은 분들은 '얼굴이 붉어지지 말아야지', '열이 오르지 않게 해야지' 하는 강박이 더 큰 긴장을 불러일으킨답니다. 오히려 '그래, 더 빨개져라!' '더 뜨거워져라!' '더 더 더 빨개지다가 펑 하고 터져버려라!' 하고 부추기는 마음을 가지는 것이 도움이 됩니다." 하고 짤막한 글이 올라왔다. 나는 진지하게 댓글을 읽다가 한마디로 빵 터져버렸다. '정말 이런 생각이 도움이 된다고?'

그 후로도 발표 때마다 불쾌한 기운이 올라와서 애를 먹었는데, 혹시나 해서 전문가에게 얻은 조언을 실천하기 시작했다. 지푸라기라도 잡는 심정이 딱 그 느낌이었을 것이다. 너무 빨리 포기하고 물러나고 싶지는 않았기 때문에 뭐든지 해보자는 다짐이었다. 어랏, 정말로 효과가 있었다.

그 후로도 자주 발표 순간을 피하지 않고 긴장된 상황 속에 나를 내 던졌다. 그리고 머릿속에는 '오늘 내 얼굴은 홍당무가 되어 뻥~하고 터질 것이다!' 하며 장면을 상상하는 습관이 생겼다. 반복적인 심리 트레이닝을 했던 셈이다. 노력 끝에 내 얼굴은 더 이상 심하게 붉어지지도 않았고, 식은땀도 더 이상 흐르지 않았다. 참 오래 걸렸지만 스스로 무의식을 단련한 셈이다.

나의 경우를 보더라도 이제는 긴장에 대처하는 자세가 조금은 달라져야 할 것 같다. 긴장감을 떨쳐내려고 하면 할수록 더

떨리기 때문에, 평생 함께하면서 나를 단련시키는 고마운 존재쯤으로 여길 필요가 있다. 긴장이란 아이는 자주 나를 당황스럽게 만들고 심장을 쿵쾅거리게 만들곤 했지만, 이제는 그 느낌 자체를 친근하게 생각하고 즐기려는 의식을 가진다. 연인을 만나기 직전의 설렘, 꿈꾸는 무언가를 성취하기 위한 설렘과도 같은 감정으로 말이다.

#무의식관리 #긴장감없애기 #긴장대처
#안면홍조 #심리적긴장

청중을 대하는 자세

　생각하면 할수록 너무도 아찔했던 발표 경험이 있는가? 아찔함을 부추기는 순간은 주로 점수를 매기는 발표, 수주를 따내기 위한 경쟁 프레젠테이션, 그리고 면접 자리 등이다. 긴장을 심하게 하면 자신이 가진 지식, 장점, 매력을 모두 보여주지 못한 채 기회의 순간이 종료되는 상황을 연출하기도 한다.

　이후로 그저 현실을 부정하고 숨어버리는 사람이 있는가 하면, 적극적으로 방법을 모색하기 위해 전문가나 스피치학원을 찾는 사람들도 많다. 더 중요한 작업은 내가 긴장했던 원인을 먼저 찾아보고 연구하는 일이다. 나를 객관적으로 분석하는 힘을 기르면 교정 방법을 더욱 정확하게 찾을 수 있기 때문이다.

　나를 분석해보면 주로 '나보다 높은 사람', '나를 경쟁상대로 생각하는 사람'처럼 불편한 청중을 앞에 둘 때에 어려워서 절절매곤 했다. 나만 그런 것이 아니라 앞에 교수님이나 사장님이 앉아계실 때 극도로 긴장한다는 사람이 정말 많았다. 하지만 실상 그들이 나한테 큰 기대나 집중을 하지 않았다는 사실은 알지도 못한 채 말이다.

청중을 바라보는 자세, 청중을 대하는 자세가 조금 달라졌을 뿐인데 그로 인해 너무 많이 달라져 버린 학생이 생각난다. 내가 한양대에서 교양과목을 맡고 있을 당시 처음 만났던 P양이다. 그녀는 스피치 과목을 용기 내어 신청했지만, 첫 시간 다들 자기소개를 너무 멋지게 하는 탓에 그만 주눅이 들었다면서 내게 이메일을 보내왔다. 마침 수강정정 기간이라 그녀가 스피치 수업을 포기하려고 고민하는 찰나였다. 나는 그런 고민을 가감 없이 털어놔 주는 그녀가 너무 고마웠다. 그리고 정성을 기울여 친구 같은 마음으로 답장을 해주었다.

'저도 대학 때 P씨와 같은 고민을 한 적이 있었어요. 늘 내 앞에 앉아있는 똑똑하고 말 잘하는 친구들이 부러웠죠. 그리고 그들이 나를 어떻게 볼까, 바보로 보지는 않을까라는 생각이 스스로를 괴롭혔답니다.

그러던 어느 날 책을 통해 알게 된 사실인데요. 사실 내 눈앞의 청중은 내 발표에 그다지 관심이 없다는 사실!

결국 혼자만의 드라마 각본을 쓰며 살았던 것은 아닌가라는 생각에 용기를 조금씩 내기 시작했습니다. 앞에 있는 사람들은 내게 큰 관심이 없단 생각이 한결 마음을 편안하게 만들더라구요. 그 이후에는 청중이 오히려 나를 좋아하는 사람이라고 생각했습니다. 이런 노하우가 P양에게 잘 맞을지 모르겠지만, 행여 잘되지 않더라도 저와 수업하면서 하나씩 극복해나가면 좋겠어요! 다음 수업에서 꼭 만나요~!'

내 답장에 그만 감동을 해버린 P양은 다행히 스피치 과목 수강을 포기하지 않았다. 수업 내내 학생들에게 강조했던 부분 중 하나가 바로 청중을 대하는 마음가짐과 인식이다.

"여러분 각자는 수업을 듣는 청자일 때와 발표를 하는 화자일 때의 심리가 매우 다를 것이란 추측이 듭니다. 지금부터 약 10분간 조별로 토의를 한 뒤 이 주제에 대해 발표하는 시간을 가져보도록 할게요!"

서로 스피치에 대한 의견을 나누고 공유하는 과정에서 많은 깨달음이 생기는 훈훈한 수업을 진행했다.

서로가 각자 같은 목적을 가진 스피치 수업을 통해 P양은 많은 용기와 탄력을 얻은 모습이었다. 그 후로 P양은 부족해도 늘 웃으며 발표하려고 노력했고 수업 마지막에는 뜨거운 마음으로 종강이 아쉽다며 농담을 하기도 했다. 같은 수업을 듣는 학우들이 그녀의 말에 박수를 치고 웃는 모습을 바라보면서 내가 얼마나 큰 보람과 기쁨을 느꼈는지 모르겠다. 그녀가 강의평가

에서 내게 '인생수업'이었다고 해줬던 코멘트는 늘 훈장처럼 달
고 다니고 싶은 보물이다.

시작보다 용기

'시작이 반이다'라는 말이 진리인 건 잘 알았지만, 때때로 나는 시작조차 하지 못하는 모습을 보였다. 귀찮은 것이 아니라 용기가 부족했기 때문이다. 그래서 아나운서가 되고 싶어서 학원을 직접 찾아가던 길은 너무나도 멀게 느껴졌다.

무언가를 처음 시도하는 일은 정말로 어렵다. 하지만 막상 시도하고 나면 그만큼의 효용 가치가 있고, 실질적으로 얻는 바가 정말 크다는 사실을 믿었기 때문에 결국 나는 이를 악물 수밖에 없었다.

'아나운서 학원을 다니면 정말 아나운서가 될 수 있을까?'
'선생님들은 실력이 좋은 분들일까?'
'예쁘고 배경이 화려한 친구들만 모인 곳은 아닐까?'

그렇게 노심초사하며 아나운서 학원 문을 두드리게 됐고, 차근차근 방송스피치의 기본기를 배우며 아나운서 태를 잡기 시작했던 나. 결과는? 만족이었다!

우선 학원을 다니는 내내 환상과 편견을 깨고 '아나운서'를 하나의 가까운 직업으로 대하는 마인드를 기를 수 있어서 좋았다. 아나운서 출신의 강사 선생님은 바쁜 일상 탓인지 머리를 하나로 질끈 묶고 안경을 쓰시는가 하면 노메이크업으로 오시는 경우가 종종 있었다. 그 모습 하나만으로도 내게는 큰 충격이었는데, 한번은 막간을 이용해 컵라면을 열심히 드시고 계시는 게 아닌가!

내가 가지던 아나운서라는 환상은 어쩌면 범접하지 못할 연예인에게 가지는 환상이었을지도 모른다. 지방에서 자랐기 때문에 방송국에 대한 환상은 더 심각한 수준이었고, 방송에서만 접하던 그들의 모습은 요즘 말로 '고급지게' 보였기 때문에 더 그랬을 수 있다.

아나운서의 평범한 일상을 직접 보고, 뒷이야기를 듣는 것만으로도 내게는 큰 도움이 됐다. 선생님과 이야기하고 친하게 지내면서 무대에 대한 긴장감을 줄였고, 좋은 기운을 잔뜩 얻었기 때문이다. 자연스럽게 아나운서라는 직업을 쟁취할 수 있을 것만 같았다. 사실상 그 뒤로 쉽지 않은 도전이 있었지만 정말 그때는 긍정이 넘쳤던 시절이었다.

그렇게 시간은 흐르고 흘러 그리던 아나운서가 됐고, 스피치

컨설턴트가 된 지금. 상담을 오시는 분들께 자꾸만 동병상련을 느끼는 이유는 '용기'에 대한 개인적인 감흥이 남달라서일 것이다. 교육이 끝나고 나면 으레 교육생들의 피드백과 편지를 받곤 한다. 그중에서도 늘 뭉클한 후기나 편지 내용은 바로 '용기'와 '변화'에 대한 이야기일 수밖에 없다.

"고운 선생님, 제가 스피치 수업을 듣기 2년 전에 한 스피치 학원을 찾아간 적이 있었습니다. 그런데 상담까지 다 받아놓고서도 수업에 참여할 용기가 없어서 끝내 등록을 하지 못했었지요. 그때를 생각하면 내가 왜 그랬나 싶지만, 당시에는 남 앞에서 말하는 것에 대한 두려움이 극도로 저를 위축시켰던 것 같습니다. 그리고 2년이 지나서야 사라지지 않는 아쉬움과 의지로 인해 결국 스피치 수업을 등록하게 되었고. 선생님과의 인연 또한 시작될 수 있었죠. 생각 외로 교육이 재미있고 편안했습니다. 말하기에 대한 이해와 자신감을 얻은 저는 지난 시간이 너무나 후회스러웠지만 지금이라도 수업을 받아서 다행이라는 안도감을 가졌습니다. 얼마 전 회사에서 프레젠테이션을 했는데 동료들로부터 발표를 잘한다는 인정을 처음으로 받아 봤습니다. 그리고 곧 승진을 앞두고 있고요. 만약 제가 지금까지도 스피치 코칭에 대한 용기를 내지 못했더라면 오늘 이 순간은 절대 없었을 것입니다. 감사합니다!"

누구보다 열심히 훈련에 임했던 경희 선생님이 손편지를 직접 써주셨다. 의지는 있지만 용기가 없어 코칭을 뒤늦게 받게 된 케이스였지만, 지금이라도 시작한 수업 덕분에 삶의 질이 더욱 높아졌다는 이야기를 하셨다.

　새가 알을 깨고 나오듯 처음에는 조심스럽고 힘겨운 일들이 참 많다. 하지만 조금 더 용기를 내어 세상 밖으로 나왔을 때에는 반드시 느껴보지 못했던 신선한 공기, 아름다운 풍경, 따사로운 햇살, 좋은 친구들이 당신을 반기고 있을 것이다. 한 번의 용기가 반 이상의 기쁨으로 다가오는 것이다.

　꼭 스피치 공부가 아니더라도 망설이다가 끝내 하지 못한 것이 있다면, 배우고는 싶은데 나이가 많아서 신청하기를 주저한 것이 있다면 지금 용기를 가져보는 것이 어떨까? 고운씨처럼! 경희쌤처럼!

#시작을위한용기 #시도가중요해 #용기가반이상
#틀깨기 #스피치로인생역전

2
GRAM

연습 몸무게,
무작정 늘리지 말자!

당신도 '연습바보'인가요?

어릴 적 외삼촌 집에 가면 늘 거실에 걸린 '하면 된다'는 문구의 액자가 눈에 띄곤 했다. 그 말이 왜 나에게는 꽤 임팩트가 있었는지 자꾸만 와 닿고 맴돌았다. 나 역시 일단 하면 될 것이라는 자신감 하나는 늘 놓치지 않았던 것 같다. 하지만 스피치를 공부하면서부터는 '하면 된다' 정신이 조금은 무모하고 무식할 수도 있다는 사실을 깨닫게 됐다.

무작정 스피치 연습에 나서는 것은 지름길이 아니라, 길을 돌아가는 둘레길이 될 우려가 있기 때문이다. 물론, 연습을 안 하는 것보다는 일단 하는 것이 더 낫다. 하지만 기계 하나를 사용할 때에도 설명서를 읽고 사용하면 시행착오를 줄일 수 있지 않은가? '말하는 방법'을 알고 발표에 나서면 더욱 빠르고 효과적으로 말할 수 있어서 좋다.

마냥 스스로의 자신감이나 내면의 의지와 같은 열정 하나만으로 스피치를 잘할 수 없는 까닭은 무엇일까? 스피치는 어디까지나 청중을 중심으로 하는 기술이기 때문이다. 여태까지 나를 중심으로 두고 내가 전달할 내용들에만 골몰했던 화자라면, 이제부터는 청중을 위한 스피치 기술에 관심을 기울여보자.

　스피치의 기술들은 참 다양하다. 그중에서도 전달력이 우선 살아있어야 하는데, 발음과 발성이 부족해서 청중에게 내 말이 정확하게 전달되지 못한다면 보다 신경을 기울여야 청중으로부터 외면받지 않을 것이다. 표현력 부문에서는 억양과 비언어 또한 점검해봐야 한다. 표정이나 제스처가 적절히 가미된 스피치는 청중의 이해를 돕기도 하고 집중도를 끌어올리는 데에 중요한 포인트가 되기 때문이다.

　스피치 기술에 대한 공부를 좀 더 심도 있게 하고 싶다면 문장을 매끄럽게 구사하고 주술의 호응이 맞는지, 수사기법이 적절히 들어가서 내용을 신선하게 표현하는지 등의 방법들을 공부하자.

　자연스럽지 못한 스피치가 고민이라면 키워드의 흐름에 따라 이미지로 머릿속에 정보를 저장하는 훈련을 기울이자. 흐름으로 내용을 기억하게 되면 긴장 속에서도 자연스러운 스피치, 매력적인 스피치를 해낼 수 있다. 외운 티가 나지 않아서 더욱 좋고, 긴장 속에서도 무의식이 작용하기 때문에 순발력 있게 발표에 대처하는 능력이 커진다.

이렇듯 책이나 교육을 통해 나의 부족한 부분들을 진단하고 방법을 섭렵한 뒤에 실습 훈련을 들어가야 효과가 커진다는 사실을 명심하자. 스피치는 "알고 하면 잘 된다!"

#알고연습하기 #외운티NO #진단후실습
#의지만으론안돼 #시행착오줄이기

스무스^{Smooth} 하게 엮어라

"그런데, 그리고, 그러나, 왜냐하면, 결과적으로, 그럼에도 불구하고, 한편, 따라서…. 이런 것들만 잘 외워두셔도 유용하게 쓰실 수 있어요!"

스피치의 초급 단계가 아니라 중상급 실력을 가진 분과는 팁과 노하우를 중심으로 캐주얼한 코칭을 진행하는 경우가 많다. 그야말로 정석이 아니라 경험을 바탕으로 멘토링을 해드리는 방식이다.

코칭을 받으신 분들이 흥미로워했던 나의 팁 중에 하나는 바로 '연결사 기법'이다. 오랜 시간 스피치 코칭을 하면서 알게 된 사실 중 하나인데, 많은 분들이 단락과 단락 사이에서 다리를 놓지 못하고 계신다는 것.

흥미로우면서도 구조가 탄탄한 스피치를 하기 위해서는 아이디어들이 한 자리에서 다음 자리로 자연스럽게 이동하는 흐름을 만들어야 한다. 각 단계 사이의 연결이 부드러워야 듣기 좋은 스피치가 되는 것이다. 그러기 위해서는 다양한 연결 표현과 이정표를 제시하며 다리 놓기에 정성을 들이면 좋은데, 다양한 연결사 다리를 하나의 표로 만들어서 입에 착착 붙도록 외워두는 것이 좋다.

연결 표현은 각 문장이나 단락 사이의 관계를 표현함으로써 그들이 개체가 아니라, 하나의 유기적 조직체로 엮이도록 돕는다. 하지만 연결사는 무작정 사용할 것이 아니라 앞뒤 관계를 잘 고려하여 적절하게 사용해야 한다. 내용과 상황에 따라 적절한 연결사를 사용하며 부드러운 흐름을 이어나가 보자.

● 상황별 연결사 ●

결과 도입	따라서, 그러므로, 그래서, 그렇기 때문에, 이런 이유로, 결과적으로
원인 설명	왜냐하면, 그 이유는, 그 배경에는
반대 측면	그렇지만, 그러나, 허나 ~ 라고 하더라도
첨가	그 외에도, 또한, 더군다나, 게다가, 뿐만 아니라, 더욱이
핵심 도입	이처럼, 여기에서 볼 수 있듯이, 이와 같이
부연 설명	바꾸어 말하면, 즉
요약	요약하면, 한마디로, 줄여 말하면

연결사와 더불어 '이정표 제시 기법'은 역시 마찬가지로 흐름

의 다리를 놔준다. 마치 여행의 진행 상황을 알 수 있게 해주는 이정표와도 같이 청중을 내용 속으로 안내해주는 기능을 하는 이정표를 제시하는 방법이다.

스피치라는 거대한 숲 속으로 들어가기 전에 몇 개의 나무를 지나게 될 것인지, 어떤 나무를 지날 것인지를 알려주고 나서 각 나무를 지나칠 때마다 '몇 번째를 통과하고 있다'라는 사실을 알려주는 식이다.

> 이 제품이 갖는 세 가지 특징을 말씀드리겠습니다.
> 첫째 특징은…
> 두 번째 특징은…
> 세 번째 특징은…

유의할 사항은 내용 이정표 제시 방법에서는 '다음은' '또 다른 하나는'과 같이 순번이 불분명한 연결 표현을 사용해서는 안 된다는 것이다. 이것은 마치 대구를 지나면서 "광역시 하나를 지나갑니다." 라고 말하는 것과도 같은 느낌이라고 생각하면 된다.

만약 열차를 타고 가는데 이러한 안내 방송을 듣게 된다면? 분명 어리둥절한 상황에 빠지고야 말 것이다. 스피치는 언제 어디서나 두루뭉술이 아니라 디테일한 느낌을 추구하자.

#부드럽게엮기 #연결사외우기 #흐름이중요
#다양한연결사 #단락단락_다리놓기

쇼미더 '어휘'

    M.NET 채널에서 하는 〈쇼미더머니〉를 시즌마다 빼놓지 않고 굉장히 즐겨본다. 그 이유는 랩퍼들이 멋있어서이기도 하지만, 그들이 쏟아내는 어휘력이 스피치로 따졌을 때 정말 달변가 이상의 경지이기 때문이다. 특히 라임이라 일컫는 언어유희적 어휘의 나열이 내 마음을 매번 흔들어놓고야 만다.

    나 또한 스피치를 연습하면서 굉장히 공들이는 부분이 있는데, 바로 다양한 어휘를 머릿속에 쌓는 일이다. 학생 때 영어 공부를 하면서도 문법보다는 단어를 우선 많이 외우던 타입이었다. 서점에 파는 단어장을 하나 사서 얼마나 외워댔던지… 10년이 지난 다음 해외 유학파인 남친을 만나서도 완벽한 문장형이 아니라 단어형으로 유머를 하며 소통을 할 정도로 놀라운 어휘가 쌓여있었다.

흐름이 좋은 유창성과 핵심을 정확하게 표현하는 정확성을 기하기 위해서는 많은 어휘가 내재되어 있어야 한다. 끝말잇기처럼 어떤 단어든지 술술 나오도록 하는 것도 중요하지만, 같은 사물이나 같은 개념을 두고서 다르게 표현을 할 수 있어야 말하기 실력이 더욱 일취월장할 수 있다.

다음은 내가 수업 시간마다 학생들과 하는 어휘 훈련인데, 괄호 안을 자신만의 표현으로 채워나가 보자. 같은 물건을 다르게 표현하는 훈련법이다.

종이컵 = (물을 담는 일회용 컵) = (구겨지는 컵) = (한번 쓰고 버리는 컵) = (자판기에서 나오는 컵) = (가위로 잘리는 컵) = (만들기 할 때 쓰는 컵)

다음은 서로 연관이 없는 단어들을 나열하는 어휘 훈련인데, 같은 범주가 아닌 전혀 다른 영역의 단어들로 빠르게 채워나가는 형식이다. 일종의 브레인스토밍 기법이라고 볼 수도 있다. 개인적인 경험과 생각에 의해 단어들이 임의로 채워질 것이다. 이때 중요한 것은 연상이 빨라야 한다는 것. 순발력을 위한 훈련이기도 하다.

기차 – (바다) – (술) – (대학) –(발표) –(용돈) – (화장)– (사진) – (노란색)

한편 이것저것 머릿속에 저장은 해 놨는데 꼭 2% 부족하게 꺼내는 경우가 생긴다. 가령 '에베레스트산'을 '에레베스트산', '스튜어디스'를 '스튜디어스'로 말하는 등의 실수 말이다. 자칫 이미지를 바보로 만들 수도 있기 때문에 어디까지나 자주 꺼내어 쓰지 않으면 낭패라는 것도 명심하자.

#어휘훈련 #랩퍼_어휘끝판왕 #같은사물다른표현
#드립의고수 #순발력기르기

'박사'를 '바보'로 만드는 발음

　나는 평소에 TV를 정말 자주 보는 편이다. 일각에서는 TV를 '바보상자'라고 여기곤 했었는데, 요즘은 유익한 정보를 담아 전해주는 프로그램이 많아져서 오히려 나를 위한 '유식상자'라는 생각도 든다.

　하루는 친구와 함께 건강 프로그램을 보고 있었는데, 어김없이 관련 전문가 한 분이 자세한 도움 설명을 해주셨다. "이분 다음 주부터는 안 나오시겠는데?" 친구가 이 말을 하는 순간 나는 그 말의 뜻을 너무나 깊이 이해해버렸다. 전문가분의 발음이나 어투가 옆에 있던 MC와 상반되게 어눌했던 것이 문제였다. 간혹 발음의 문제 때문에 스스로 가진 콘텐츠를 잘 살리지 못하는 분들이 생겨나기에 안타까움을 자아낸다.

　발음의 사전적 의미는 '음성을 냄. 또는 그 음성'이라는 뜻을 담고 있다. 정확한 발음은 메시지 전달에 필수적일 뿐만 아니라, 지적인 이미지를 조성하는 것에 있어서 상당한 영향력을 발휘하기 때문에 그 효과는 사전적 의미 이상이다.

내가 만났던 스피치 코칭 의뢰인들은 대부분 어린 시절 잘 못 형성된 발음 습관이 그대로 굳어버린 케이스가 많았다. 어른이 된 이후 취업을 앞두고 뒤늦게 교정을 하려고 하니 당연히 어려움을 겪을 수밖에 없다. 발음 때문에 전달력이 떨어지거나 이미지가 어눌해 보이는 고민을 안게 되는 것은 물론, 심지어 어떤 분은 대인관계에서도 소외감을 겪는 안타까운 경우도 있었다.

지금 당장 입을 벌리고 혀를 조금 내민 채로 나만의 전공, 전문 분야를 설명해보라. 발음의 중요성을 즉각 체감할 수가 있다. 도무지 남의 눈에는 전문가로 보이지 않을뿐더러 모양새도 참 우스꽝스럽다. 지성미를 만드는 이미지메이킹에는 발음 트레이닝이 절대적으로 필요하다는 사실을 깨닫게 된다.

즉, 분명한 발음으로 정확한 음가를 내는 것은 커뮤니케이션에 아주 좋은 요소가 된다. 전문 직종으로서 상담을 하거나 고객을 설득해야 하는 업무 종사자라면 표정이나 미소도 중요하지만 발음과 전달력에 신경을 더욱 기울이는 것이 필수다.

우선 평소에 상대방으로부터 "뭐라고? 다시 한번만 말해줘!"라는 요청을 자주 듣는다면 스스로의 발음을 점검해 볼 필요가 있다. 혀가 짧고 길고에 상관없이 발음은 지속적으로 연습하면

향상된다. 개인의 특성에 따라 노력 여하에 따라 정도의 차이는 있지만 반드시 변화하는 부분이다.

그렇다면 정확한 발음을 하기 위해서는 평소 어떠한 노력을 기울여야 할까? 제일 먼저 발음의 메커니즘을 이해하고 훈련해야 더욱 효율적이다. 교정 초반에는 입술과 혀를 부지런히 움직이는 습관을 들여야 하는데, 항상 조음기관을 크고 정확하게 움직이는 것이 중요하다. 발음은 입술모양과 혀의 정확한 모양과 위치에 따라 결정되기 때문이다.

하지만 우리의 일상은 어떠한가? 대부분의 사람들이 웅얼웅얼하는 모양새로 입술을 다양하게 움직이지 않는 모습을 하는 경우가 많다. 따라서 잘되지 않는 발음을 교정하기 위해 가장 먼저 조음기관을 유연하게 만드는 운동을 추천한다. 평소 헬스장에 가서 운동하듯이 조음기관 운동을 해야 하는데, 매일매일 틈틈이 할 것을 권한다.

간단한 조음기관 운동을 통해 입꼬리가 비대칭, 균형 잡히지 않은 인상까지도 바뀌는 효과까지도 볼 수 있다면 이 얼마나 이득인가? 반드시 습관을 들여보자!

전달력과 이미지를 살리는 발음 Tip '조음기관 운동' 🖋

1) 입술운동

이 에 아 오 우

히 헤 하 호 후

2) 혀 운동

따르르르르릉

3) 턱관절 운동 + 혀 운동 + 입술 운동

시계소리 "똑딱똑딱"

파도소리 "철썩철썩 출렁출렁"

#전달력키우기 #지성미뿜뿜 #발음주의
#웅얼웅얼안됨 #조음기관운동

계속 듣는 마약스피치

듣고 싶은 말, 듣기 싫은 말은 각각 어떤 특징이 있을까? 나는 강의를 할 때에 말의 형태, 말의 내용을 '하드웨어' '소프트웨어' 용어에 비유를 하곤 하는데, 우선 말의 내용 이전에 듣고 싶어지는 매력적인 말의 하드웨어를 잘 알아둬야 한다. 스피치의 하드웨어는 너무 장황하지 않으면서도 소리가 또렷하게 잘 전달되는 문장이 좋다.

: 짧은 문장이 듣기 좋다

말의 문장이 길어지면 어떨까? 상대방이 의미를 파악하기에 그만큼 많은 에너지와 사고력이 소모될 수밖에 없다. 이왕이면 짧고 분명한 문장으로 말을 구사하자. 방송에서도 장황하고 지루한 멘트를 친다면 통편집을 당하기 일쑤다.

짧은 문장 + 연결어 + 짧은 문장 형태를 취하면서 간결하면서도 앞뒤 내용의 상관관계가 잘 드러나는 구조를 사용하자.

또한 듣고 싶은 말은 전달력이 좋은 말이기도 하다. 소리가 멀리까지 또렷하게 전달되고 명확할수록 좋은데, 특히 조사와 어미 소리에 유의해서 말을 해보자. 말소리의 끝이 불명확하고 소리가 죽는 경우, 의미 전달뿐만 아니라 이미지에도 영향을 미친다.

본의 아니게 자신감이 결여돼 보이거나 소심한 이미지로 비춰질 수 있기 때문에 '은, 는, 이, 가'와 같은 조사와 '습니다, 합니다'와 같은 말끝에서는 입꼬리에 힘을 실어 야무지게 소리를 처리하도록 훈련해야 한다. 어미가 달라지면 분명 큰 차이가 있을 수밖에 없다.

말소리는 평소의 언어 생활습관 또는 성격으로 말미암아 영향을 받는 경우가 많은데, 편하게 말하다 보니 말소리가 흐트러지는 경우도 많고, 소심하거나 급한 성격으로 말소리가 중간중간 흐려지기도 한다. 한마디를 할 때에는 반드시 의미단위의 끝을 꼼꼼하게 매듭지은 뒤, 다음 말로 넘어가는 습관을 기르자.

: 토막내듯 말해야 듣기 좋다

소리를 잘 내고 발음을 꼼꼼히 한다 하더라도 내용이 분명하게 전달되지 않는다면, 말소리를 전달하는 속도감에도 문제점이 있을 수 있다. 정보전달이 주목적인 뉴스를 자세히 관찰하며 들어보자.

기자와 앵커는 적절한 속도로 문장을 끊어 말하는 특징을 보인다. 말 그대로 토막 내듯이 말하는 방법인데, 평소 말을 버벅대는 습관이 있다면 더욱이 습관들이면 좋을법한 스피치 훈련이다.

문장을 볼 때 '///' 기호를 사용하여 의미단위를 나눈 다음, '///' 기호에 맞춰 끊어 말하면 된다. 속도감을 내더라도 끊어서 말하기 때문에 의미 전달이 명쾌해지는 효과가 있다.

일례로 "57분 교통정보입니다!" 멘트로 익숙한 교통방송 캐스터 또한 매우 빠른 속도감을 자랑하지만, 교통 상황 내용은 이상하게도 귀에 팍팍 꽂힌다. 그 비결은 의미를 잘 끊어서 말하고 있기 때문이다. 끊어 말하기를 통해 효과적인 호흡 포인트를 가질 수 있기 때문에 발표 또한 마찬가지로 안정감이 생길 수밖에 없다.

: 조사와 어미에 엑센트를 입히자

"안녕하세요? 저는 SF9의 랩을 담당하고 있는 휘영입니다!" 내가 코칭했던 아이돌 연예인들은 저마다 자신의 그룹 이름과 담당 파트를 강조하는 것에 굉장히 자연스러웠다. 더불어 늘 칭찬할 수밖에 없었던 부분이 있는데, 바로 조사와 어미의 말소리가 무척 단단해서 열정과 자신감이 제대로 느껴진다는 것.

MC들을 관찰하면 더욱 확실한 느낌을 받을 수가 있다. "생방송, 뮤직뱅크! 오늘은 전설의 보아가 컴백 무대를 펼칩니다!" 진행자들은 속도감을 연출하기도 하지만, '은, 는, 이, 가'와 같은 조사와 '입니다, 합니다'와 같은 부분에서 음소거가 되지 않도록 특히 유의하고 있다. 말소리의 콘셉트를 결정하는 아주 중요한 요소가 되는 부분이다. 말소리 길이를 늘이는 경우에는 부드러워질 수도 있지만, 조사나 어미의 말끝을 흐리거나 내려 말하는 경우 우울감과 슬픔이 느껴지기까지 한다. 특별히 다운돼야 하는 내용이 아니라면, 어디까지나 일반적인 에너지를 전하고 싶다면 입모양을 확실히 잡으며 '똑 부러지는' 명쾌한 엑센트를 주도록 하자.

#듣고싶게말하기 #짧고분명 #토막내듯말하기
#조사어미살리기 #입꼬리에힘

스피치는 무엇보다 삼삼하게!

"조리 있게 말하고 싶어요!"

"구색 있게 말하고 싶어요!"

난해하고 횡설수설한 느낌의 스피치에서 벗어나는 것은 많은 사람들의 희망사항이다. 긴장감을 떨치고 싶다는 목표와 더불어 양대산맥을 이루는 지향점이기도 하다.

그렇다면 스피치 내용이 장황하고 복잡해지는 이유는 무엇일까? 그 까닭은 건축물로 따지면 뼈대에 해당하는 구조물이 허술하거나 단순하지 않기 때문이다. 따라서 귀에 잘 들어오고 마음에 와 닿는 말은 구조가 명료하다는 사실에 유의하여 말하기의 흐름에 신경 쓰면 효과적이다. 즉, 상대방의 머릿속에 구조도를 그려주듯 말하려는 노력을 기울이면 된다.

말하는 사람의 생각이 정리가 되지 않았을 때에는 내용이 전달되지 않는 단점 외에도 이미지적인 문제점이 거론되고야 만다. 전문성이 떨어져 보이거나 신뢰가 하락하는 부분을 염두에 두어야 하며, 말이 늘어지는 이유로 카리스마적인 인상 또한 줄어든다. '도대체 언제 끝나지?' 지루한 감까지 부추기기 때문에 여러모로 말의 구조는 스피치의 기본사항일 수밖에 없다.

⋮ 3의 법칙

스피치의 구조 짜기 단계에서는 숫자 3이 큰 역할을 한다. 모든 스피치가 3단 구조로 구성되고 연출되기 때문이다. 하루는 강의 자료를 준비하면서 EBS 다큐 프로그램 영상 하나를 보게 됐다. 숫자 3을 다룬 '주변의 법칙' 방송 영상이었는데, 3에 관련된 심리학적 현상들을 실제 실험을 곁들여 보여주는 흥미로운 다큐였다.

2명이 하늘을 가리켰을 때는 지나가던 행인들이 아무도 관심을 갖지 않았지만, 3명이 동시에 하늘을 가리키자 지나던 행인들이 하나둘 멈추어 서서 "하늘에 뭐가 있나?" 하며 세 사람이 가리키는 방향을 함께 응시하기 시작한 것.

3이라는 숫자는 우리 일상에서도 자연스럽게 묻어나고 있어서 위력을 실감한다. 곰 세 마리, 삼총사, 세 얼간이, 삼세번, 가위바위보, 진선미 등 은연중에 3을 익숙하게 여기는 우리 심리를 엿볼 수 있다. 이렇듯 흥미로운 3의 향연은 스피치에서도 고스란히 이어진다.

오프닝(Opening)-바디(Body)-클로징(Closing)

스피치의 모든 구조는 크게 나눌 때 모두 3단으로 구성되고 있다. 또한 하위구조를 만들 때에도 범주를 3가지 이내로 잡아야 간단명료한 구조로서의 역할을 제대로 할 수 있다. 논증을 하거나 설명을 할 때의 예시도 마찬가지. 한 가지로는 뭔가 부족한 느낌이 들고, 두 가지로도 뭔가가 부족한 느낌은 가시지 않는다. 세 가지 정도는 돼야 적당한 수치, 다양한 관점의 느낌이 나기 시작함을 느낀다.

3을 벗어난 네 가지 이상을 제시해버리면? 그때부터 복잡함은 시작된다. 청중의 머릿속에 온전히 각인되기 힘든 현상이 벌어지고야 만다. 따라서 많은 것들을 설명해야 하는 상황이라면 되도록 세 가지 범주로 나누어 묶는 시도를 기울이면 좋다.

: 발표 고수의 비결은 '3의 스피치'

다음 예시를 통해 3을 활용한 스피치의 형태를 살펴보자. 발표자 입장에서도 기억하기 쉽고 전달하기 쉬운 느낌을 받을 것이다.

S기업이 히트상품을 자주 출시하기 위한 대안으로 크게 3가지를 생각해보았습니다.
첫째 고객과 시장의 트렌드 변화를 적시에 파악하려는 노력입니다.
둘째 트렌드에 맞춘 상품을 디자인하는 능력입니다.
셋째 경쟁사보다 3일 먼저 출시하는 스피드입니다.

따라서 트렌드 사이클이 매우 빠르게 돌아가는 최근 현실을 반영하여 기업 이윤 추구에 더 크게 기여할 수 있을 것으로 예상됩니다.

대중 앞에서 브리핑을 자주 하는 유명 기업인, 명사들도 역시 늘 3을 사용하고 있다는 점을 자주 관찰할 수 있다. 스티브 잡스의 발표 예시를 통해 살펴보자.

스티브 잡스식 발표 🖊

청중의 머릿속에 구조도를 그리는 3의 스피치 활용!
아이팟은 세 가지 혁신을 일으켰습니다.
첫 번째는 뛰어난 휴대성입니다.
두 번째는 파이어와이어를 내장했습니다.
세 번째는 배터리의 수명이 길어졌다는 것입니다.
-2005, 스티브 잡스 PT 中

고수들은 3을 활용한 스피치를 하면서 숫자를 명기하며 말하는 습관을 가지고 있기도 하다. 순서를 나타내는 순서어휘 '첫째, 둘째, 셋째', '가장 처음으로는, 그다음은, 마지막으로…' 등의 내용 안내를 사용하면서 청중의 이해도를 높이고 내용을 더욱 효과적으로 분류하여 전달하는 식이다.

구조를 세분화시키는 경우에도 결국에는 Opening - Body - Closing 으로 분류된다. 시간에 구애를 받는 짧은 브리핑인 경우에도 말의 구성은 당연히 있어야 하는데 이때에도 들어가는 말, 핵심, 마무리하는 말로써 스피치를 구사하면 누구든지 조리 있고 깔끔한 스피치로 평가받을 수 있다.

'3의 스피치' 훈련으로 가장 간단하게는 '나의 강점을 세 가지 이내로 범주화하여 표현하기'를 추천한다. 누구든지 자신의 이야기를 할 때에 가장 연상력과 유창성이 높아지기도 하고, 평생을 하고 살지만 끝까지 완성되지 않는 스피치 분야가 바로 자기소개, 자기PR이기 때문이다. 자신만의 콘텐츠를 분석한 뒤, 3단으로 연출해보는 훈련이 실생활에서도 정말 많은 도움이 된다.

#조리있게말하기 #구조는탄탄하게 #3으로말하기
#삼삼한스피치 #청중이해돕기

긍정형 스피치의 입모양 '2'

평소 친절하고 긍정적인 느낌의 사람들을 자세히 관찰해보면 입꼬리가 유난히 옆으로 이완된 채 말하고 있다는 특징을 발견할 수 있다. TV를 틀어 방송인들, 아나운서들을 관찰해보는 것도 좋다. 특히 밝은 소식을 전하는 스포츠 뉴스 아나운서를 관찰해보자. 입꼬리에 야무지게 힘이 실려 있다는 느낌을 확연하게 느낄 것이다.

물론 이렇듯 멋진 긍정형 표정에 진정성까지 실려 있다면 더욱 좋겠지만, 안타깝게도 서비스직에 종사하는 사람들은 힘든 상황에 부딪치더라도 미소를 유지해야 하는 고충을 갖고 있기도 하다.

한번은 김포공항 화장실에 갔다가 어느 승무원의 이중적인 모습을 접하고서 놀란 경험이 있다. 비행을 갓 마치고 온 듯한 승무원이 누군가에게 전화를 하며 짜증섞인 말투로 화를 심하게 내는 것이었다. 그리고 나서 거울을 보며 화장을 고치더니 미소를 머금고 밖으로 나서는 것이 아닌가.

'아, 이것이야말로 감정노동자의 뒷모습이구나!' 강한 현실이 느껴지는 순간이었다. 언제 어디서든지 변하지 않을 것 같은 그들의 친절한 어투와 표정 속에는 억양의 기술이 숨어있을 수밖에 없다.

그래서 슬플 때나 기쁠 때나 어쨌거나 치아는 드러내고 입꼬리는 항상 위로, 그리고 프로다운 모습을 유지하기 위해 스스로 행복하다고 세뇌를 시키면서 일할지도 모르겠다는 생각이 들었다. 마치 웃고 있는 삐에로처럼……

이렇듯 겉과 속이 불일치한 상태에서 웃음을 지어야 하는 상황을 가정하고 싶지는 않다. 하지만 타인의 행복이 곧 본인의 보람으로 작용하는 상황에 놓인 사람이라면, 당장 서비스직 면접을 앞둔 사람이라면 프로들이 가진 감정 표현 Tip에 더욱 주목하도록 하자.

우선 입꼬리에 힘을 주고 "음?", "이?", "에?" 하며 미소를 지어보는 훈련부터 시작하자. 특히 중얼중얼, 시무룩한 느낌이라는 평가와 발음이 좋지 않은 사람, 이미지가 어두운 사람이라면 '2', '에'와 같이 활짝 웃는 미소 형태, '음'과 같이 미소를 머금은 형태를 내용과 상황, 분위기에 따라 복합적으로 가미하며 연습하면 자연스럽다. 반드시 잊지 말아야 할 것은 입꼬리에 힘을 빼지 않고 다부지며 강단 있는 입매무새를 유지하는 부분이다.

(2) 안녕하십니까! (2)
(2) 무척 반갑습니다. (2)
(2) 저는 ○○○(이름) 입니다. (2)
(2) 궁금한 점 있으십니까? (2)
(2) 감사합니다. (2)
(2) 고맙습니다. (2)

　입모양에 익숙한 느낌이 들 때까지 훈련한 뒤에는 낭독을 하며 훈련해보자. 이때 이미지트레이닝으로써 기분 좋은 상상을 하면 신기하게도 미소를 머금은 듯 자연스럽고 밝은 느낌으로 말할 수 있다.

　(2)저는(2) 새로운 환경에서 의기소침해지기보다는(2) 먼저 다가가 영어를 못하던 동양인에서 오히려 적극적인(2) 리더로 변신했습니다. (2)또한 외국에서의 생활을 통해 외국어 실력뿐만 아니라(2) 타 문화를 수용하는 이해심을 키웠습니다.(2) 새로운 것을(2) 두려워하지 않는 자세(2) 그리고 글로벌 정신으로 똘똘 뭉친 인재가 되겠습니다.(2)

#긍정형입모양 #입꼬리이완 #웃으며말하기
#속과겉의일치 #낭독트레이닝

웃는 목소리 만들기

스물네 살 처음 방송일을 시작했을 때였다. 더빙이란 것을 처음으로 했는데, 피디님은 나에게 "좀 더 밝게! 좀 더 활기차게!"라는 주문을 수도 없이 했다. 그때마다 나는 '힘을 내야지!', '또 힘내야지!'라고 스스로에게 주문했다. 지금 생각하면 그야말로 '빵 터지는' 상황인데, 초보 리포터인 내가 얼마나 귀여웠던가를 생각하게 만든다.

당시 지상파의 유명한 아나운서의 내레이션을 롤모델 삼아 듣곤 했다. 이상하게도 그녀는 늘 따뜻하고 호감 가득한 느낌의 목소리를 내고 있었다. 나도 분명히 복식 발성을 사용했건만, 무엇이 달랐을까?

'듣고 있으면 기분이 좋아지는 목소리'는 저마다 스타일이 다르지만 공통점이 있다는 것을 한참 후에야 깨달았다. 바로 '웃는 목소리'라는 것.

인기 있는 아나운서들은 대개 침착하고 신뢰감 있는 목소리로 말을 한다. 그리고 말을 잘한다는 것에는 또 하나의 중요한 MSG가 숨겨져 있었다. 바로 기분 좋은 목소리로 연출을 한다는 건데, '나는 천성이 본래 무겁고 우울해.'하는 사람도 실은 적지 않을 것이다. 하지만 진심을 담아 표정을 지으면 이상하게도 목소리가 밝은 이미지로 바뀐다.

"안녕하세요.", "네~ 감사합니다."와 같이 평소에 자주 쓰는 말로써 한번 연습해보자. 간단하게는 스마트폰 녹음기능을 켜두고서 표정을 짓고 말을 할 때와 생각 없이 발성만 적용할 때의 목소리를 비교해보면 된다. 신기하게도 표정이 없고 진심이 없을 때에는 아무리 목소리가 좋다 할지라도 그다지 따뜻한 느낌이 들지 않는다. 반면 좋은 생각을 하며 내용에 몰입한 채 미소 지으며 말해보자. 훨씬 더 따뜻하고 정겨움이 풍기는데다 생동감마저 느껴진다.

이렇듯 밝은 목소리는 일상에서도 손쉽게 훈련이 가능해서 좋다. '오늘은 아침 회의에서 좀 더 생기 있게 말하고 싶다'라는 생각이 든다면 적극적으로 표정을 지으면서 말을 해보자. 물론 웃지 말아야 할 내용에서 웃으라는 것이 아니다. 심각한 내용에서는 정말로 심각한 느낌의 눈빛을 담아서, 중요한 내용에서는 고개를 끄덕이고 손에 힘을 주면서 말하는 식의 표현을 주어야한다.

이렇게 내용에 따라 생각과 표정을 담아 말을 하다 보면 자연스럽게 살아 숨 쉬는 목소리가 연출 된다. 이는 청중으로 하여금 자연스럽게 귀를 기울이게 하는 특성까지 가지고 있다. 더불어 '이 사람의 이야기는 더 듣고 싶다.'라는 느낌을 가지게 만들고 장시간 계속해서 말을 해도 지루함이 덜하다. 결코 볼륨을 줄이고 키우고의 문제가 아닌 것을 대개는 목소리의 느낌을 만들기 위해 기계적인 접근을 하는 불상사가 이어지고 있는 것이다.

언젠가 MBC 〈무한도전〉에서 전 멤버가 영화 더빙에 나서는 장면이 있었다. 전문 성우들에게 코칭을 받아가며 더빙을 하는 프로젝트였는데, 성우들이 시연을 보여주던 장면에서 나는 많은 깨달음과 영감을 얻었다. 보이지 않는 목소리 연기를 하면서도 죄다 표정과 몸짓을 배우 이상으로 오버하며 더빙을 하는 것이 아닌가!

표정을 짓는 것에 이어 내가 적극 실천하는 꿀팁은 바로 입꼬리를 이완하며 말하는 방법이다. 이 방법은 어미처리를 상승형으로 만들어 주는 방법으로서 대중적인 예시로는 〈스포츠뉴스〉를 전달하는 아나운서들을 관찰하면 좋은 팁을 느낄 수가 있다.

그들은 웃고 있으면서도 입꼬리에 힘을 잠시도 놓지 않는다. 이미 다른 테마에서도 거론했듯이 늘 '이'나 '에'와 같은 모양으로 이완한 채로 말을 시원시원하게 전달하고 있다는 사실은 너무나 중요한 부분이었다. 고수들에게서 이 부분을 관찰하고 나서는 직접 실천해보고 천명 이상의 행사장에서 음성을 퍼지도록 던지듯이 말하는 효과를 얻기도 했다.

이처럼 표정이나 입꼬리의 힘을 신경 쓰는 것만으로도 듣기 좋은 목소리가 탄생한다. 더욱이 발성이 약하거나 호흡이 약한 사람이라면 당장 발성에 너무 많은 훈련 에너지를 쏟기보다 당장 실천할 수 있는 표정과 입꼬리의 힘 조절에 나서보자. 굉장히 효과 빠른 처방약이 될 것이다.

#꿀보이스비밀 #표정짓고말하기 #생각하며말하기
#입꼬리힘주기 #가식은NO

발음 훈련은 '모음' 중심으로

　연예기획사에 코칭 강의를 갈 때마다 아이돌 연예인들에게 특히 강조하는 부분이 있다면 '신뢰감을 만드는 언어적 요소'들을 스마트하게 캐치하는 능력이다. 그중에서도 첫인상을 형성하는 발음은 너무나도 중요한 요소로 작용하는 부분이라 세심하게 신경을 써야 한다.

　특히 어리고 젊은 층에서 발음이 좋지 않은 경우가 더 많은데, 그 가장 큰 원인은 너무나 경제적인 발음을 구사하기 때문이다. 편하고 빠르게 말소리를 내는 것에 익숙해져 있고, 특히 이중모음을 간과한 모양새로 발음을 하기도 한다.

　나 또한 고등학교까지 경상도 사투리를 쓰면서 이중모음을 편하게 구사하기도 했다. 예를 들어서 과자를 '까자', 권투를 '껀투'라고 소리 내면서 언어습관을 그르치게 된 것이다. 다행히 교정이 됐지만 교정하기까지는 아픈 노력이 있었기 때문에 아이돌 연습생 친구들만 보면 당연히 발음 훈련을 강조할 수밖에 없다.

발음 교정 후에 나를 사귀게 된 친구들은 당연히 상상을 할 수도 없는 이미지겠지만, 이중모음이 망가져 있던 나의 어린 시절 발음은 생각할수록 우스꽝스럽기만 하다. 그렇다면 첫인상과 더불어 신뢰감을 좌우하는 발음훈련은 어떻게 진행하면 좋을까?

우선 자음이 아니라, 모음 중심의 훈련이 답이다! 혀와 입술 모양과 위치를 모음에 따라 명확하게 두려는 노력을 해야 한다. 모음은 혀를 입천장 어느 부위에 두느냐, 어느 부분을 얼마나 휘어 움직이느냐에 따라 입술 모양을 얼마나 명확하게 오므리고 펴느냐에 따라 정확도가 결정된다. 기본 모음부터 정확하게 훈련하자.

전달력과 이미지를 살리는 발음 Tip: 모음 발음 훈련 ✏

1) 'ㅏ' 모음 발음법

입을 확실하고 크게 벌려 훈련해야 한다. 평소 입술에 힘도 주지 않고 'ㅏ' 모음을 구사했다면 훈련에선 더욱 확실하게!

입 안이 보일 정도로 벌려야 하며 아래턱을 최대한 스트레칭하며 내린다.

혀를 내리듯 연출하여 입 안에 공간을 확보한다.

숨을 내쉬면서 뱃심을 주어 길게 아~~하며 소리 내면 발성 효과까지 낼 수 있다.

2) 'ㅓ' 모음 발음법

윗입술과 아랫입술 사이가 더 멀어진다는 느낌으로 벌린다. 세로 타원형의 모양. 혀는 오목하게 오므려 내리듯 당긴다. 제대로 소리 내지 않을 경우 '으'와 같은 소리로 들릴 수 있으니 유의하자.

3) 'ㅗ' 모음 발음법

사람들이 대표적으로 제대로 신경 쓰지 않는 발음이다. 오므려야 하는 순간, "~해요" "~하십시오" 등 스피치 어미 부분에서 주로 사용하는 발음이다. 위아래의 입술을 동그랗게 힘을 주어 작은 원을 만든다는 느낌으로 만들자. 혀는 조금 잡아당겨 약간 내려 발음한다. "안녕하세요."가 "안녕하세여~"로 가볍게 발음되지 않도록 유의한다.

4) 'ㅜ' 모음 발음법

'오'자 발음보다 입술을 앞으로 내밀어 작은 원을 만들고 입술에 힘을 준다. 아래턱을 스트레칭 하듯이 내리며 발음한다. 아랫니와 윗니 사이를 좁게 하고 혀는 입안 중간에 당기듯 위치시킨다.

5) 'ㅡ' 모음 발음법

입술을 쭉 찢듯이 양옆으로 이완한다. 어금니를 다물고 입술은 약간 간격을 띄워 벌린다. 혀는 편안하게 입 안 중앙에 당기듯 위치시킨다. '으~'소리를 내면서 아랫잇몸이 보이도록 아래턱을 스트레칭 해본다. 입을 다물었지만 발성이 커지는 효과가 난다.

6) 'ㅔ' 모음 발음법

'ㅣ' 모음 발음에서 입을 조금 더 크게 벌린다는 기분으로 입술을 이완하며 발음한다. 혀끝은 아랫니 뒤에 살짝 닿도록 위치시킨다.

우리말은 주로 모음을 중심으로 발음 정확도가 판가름나기 때문에 '아에이오우' 모음만 신경 써서 입모양을 구사해도 표정이나 인상에 변화가 옴을 느끼게 된다. 더불어 'ㅘ, ㅝ' 같은 이중 모음은 입술과 혀가 두 번 움직이는 것이기 때문에 더욱 부지런히 움직여야 한다. 교정할 때는 스스로의 변화를 느끼기 위해서 동영상을 촬영하며 진행하는 것도 좋은 방법이다.

#모음중심 #발음훈련 #입과혀
#부지런히움직이자 #첫인상좌우

3
GRAM

몸값의 무게를
좌우하는 '몸짓'

'얼굴실력' 외모의 설득 효과

얼굴 실력이라는 제목을 보고서 생김새를 떠올렸다면? 물론, 거부할 수 없는 것이 외모 효과이기는 하지만 반드시 생김새가 실력의 전부가 될 수는 없다. 어디까지나 스피치 실행에서의 표정이나 감정적인 인상을 말하는 것이다. 모든 스피치와 커뮤니케이션의 궁극적인 목적은 '설득'에 있다. 이때 설득이라는 것은 더욱 쉽게 말하자면 바로 '신뢰감'이다. 그렇다면 대체 신뢰감 있는 얼굴은 어떻게 만들어내는 것일까?

미디어 상에 많이 오르내리는 한류스타들을 먼저 스마트폰 검색으로 찾아서 관찰해보자. 국내뿐만 아니라 외국에서도 인기가 많은 스타일수록 좋겠다. 보는 즉시 느껴지는 어떠한 하나의 감정이 있을 것이다.

한류스타들의 공통적 특징은 좋아요! 따뜻해요! 기분이 좋아져요! 멋있어요! 등등 사진을 본 모두가 '호감'의 감정으로 귀결되는 느낌을 만드는 힘이 있다는 것. 바로 돈으로도 살 수 없는 매력적인 표정 때문이다.

이러한 호감도는 곧 신뢰로 직결되게 마련인데, 가장 우선 신경 써야 할 부분은 바로 '표정'이다. 우리 모두 표정이 밝고 아름다운 사람을 선호한다.

"얼굴만 예쁘다고 미인이냐? 마음이 예뻐야 미인이지!" 이런 말을 흔히 들어왔을 것이다. 혹은 딱히 미인은 아닌데, 자꾸만 눈길이 가는 사람이 반드시 주변에 있을 것이다. 바로 그 능력의 비결은 '표정'에 있다.

남다른 표정감각 능력을 갖고 있는 사람은 그 능력을 누군가가 만들어준 것이 아니라 스스로 만들어낸 것이기에 무엇보다도 평상시 자기관리가 매우 중요하다고 볼 수 있다. 어린아이가 아니라 성인이라면 더더욱 고치기 힘든 부분이기도 하다. 이미 굳어버린 근육들을 다시 말랑말랑하게 펴고 조정하는 일이 어디 단박에 가능할까? 하지만 노력하면 누구나 변화할 수 있기 때문에 이미지메이킹과 관련된 코칭과 교육이 존재하는 것이기도 하다.

정확히 내가 대학교 1학년 시절에 겪은 일화다. 누구나 첫인상에 대해서, 이미지에 대해서 많은 것을 공감할 수 있는 일화라고 생각해서 이야기하고 싶어진다. 그해 가을에 나는 처음으로 방송국 리포터 오디션을 보게 됐다. 정확하게 기억은 나지 않지만 뽀얗게 화장을 하고 핑크색 립스틱을 발랐으며, 하늘색 셔츠에 청치마를 입었던 것으로 기억한다. 스스로 '이 정도면 상큼하고 발랄하겠지?'라고 생각하며 오디션장에 도착했다. 처음이라 떨리고 긴장은 했었지만, 평소 그토록 좋아하던 마이크 앞이기 때문인지 무척 설레하며 있는 힘껏 멘트를 연출했다.

첫 번째 원고와 카메라 테스트를 보고 난 뒤 감독님은 "이고운 씨 다른 원고도 한번 리딩해볼까요?" 하고 재차 주문을 하셨다. '아, 내가 실력이 좀 있나 보다!'라고 혼자 착각을 하며 신나게 두 번째 리딩을 마쳤다. 그러자 감독님은 "아, 뭔가 아쉬운데… 이미지가 좀 나이에 비해서 차갑고 어두운 것 같아요."라고 피드백을 주셨고 그렇게 나는 첫 탈락의 고배를 마시게 됐다.

'내가 차갑다고? 정말로 나는 어두운 이미지인 걸까?'

그동안 단 한 번도 내 이미지나 표정에 대해 생각해본 적이 없었던 터라 정말로 깜짝 놀랐다. 사실 당시에는 동영상으로 촬영을 하며 스스로를 모니터링해 본 적이 없었기 때문에 나도 모르던 내 이미지에 정말로 충격을 받고야 말았다. 우연한 계기를 통해 난생처음 나의 '표정'과 '이미지'란 것에 대한 피드백을 받아 보게 된 것. 내가 입고 있는 옷이나 화장만으로는 변화시킬 수 없는 강한 그 무엇이었다.

'그래 맞아. 내가 좀 그렇게 보일 수 있지!' 하고 인정했으면 더 변화가 빨랐을 텐데, 당시의 나는 거부반응 그 자체였다.

'뭐? 내가? 난 아닌데? 난 그런 애가 아닌데!' 이 생각으로 변화에 대한 필요성을 좀처럼 느끼지 못하던 나는 대학 3학년 때 아나운서 아카데미를 다니면서 비로소 내 스스로를 객관적으로 보는 눈을 기르게 됐다.

아카데미에서는 매번 캠코더로 리딩하는 내 모습을 강사님이 촬영을 해주셨는데, 스스로 모니터링을 하다가 그만 슬퍼지고야 말았다. 화면 속의 나는 어딘가 모르게 정말 우울해 보였다. 분명히 미소를 지었다고 생각했는데도 무표정에 가까웠고, 입꼬리가 올라가지 않아서 딱딱해 보였다. 그 후로는 매일매일 거울을 보면서 표정 짓는 연습을 했다. 그리고 스스로 촬영을 하면서는 미소 지으며 말하는 부분을 중점적으로 훈련했다.

그 후로도 시험에 떨어지기도 했지만, 곧 이내 방송일에 입문하는 기회를 손에 잡을 수 있었다. 요즘 "고운 아나님은 참 밝아서 좋아요!", "고운씨는 웃는 모습이 참 느낌 좋아요!"라는 말을 들을 때마다 얼마나 뿌듯한 미소가 나는지 모른다.

스스로 변화해야 하는 필요성을 아직도 못 느꼈더라면? 생각만 해도 아찔하다. 내 인생은 왠지 긴 시간 암흑기였을 것 같다.

표정이 부리는 마법 같던 일들. 나는 그렇게 얼굴실력을 늘리면서 동시에 많은 기회를 얻을 수가 있었다. 다시 한번 말하지만 얼굴실력이란 외모가 아니라 인상이다!

목소리가 몸값을 올린다

카카오톡이나 SNS가 없던 대학 시절이었다. 그래서 소개팅을 나가기 전에 상대방과 미리 전화를 하는 경우가 자주 있었다. 한번은 소개팅을 앞둔 친구가 무척 설레하는 모습을 봤다. 장소를 선택하자며 상대 남자로부터 전화를 받았는데, "안녕하세요? 미희씨 되시나요?!", "저 소개팅남입니다!" 굵고 나지막한 목소리가 너무나 매력적인 사람이더란다. 말투도 자상하고 따뜻해서 그만 소개팅도 하기 전에 호감이 생겨버린 것이다. 내 친구의 얼굴은 계절이 겨울임에도 불구하고 가득 피어나는 봄날일 수밖에 없었다. 그 뒤의 이야기는 상상에 맡기겠다.

대한민국은 좋은 이미지를 굉장히 중시하는 나라다. 많은 여성들이 그만큼 콤플렉스를 극복하기 위해 다이어트와 성형에 관심을 가지고 있기도 하다. 화장품 소비도 1인당 세계2위 정도라고 하니 우리나라에 미인이 많은 것은 이상할 일이 아닌 셈이다. 실제로 내가 코칭하는 기획사 연예인 지망생들은 하나같이 빚어놓은 조각들 같다. TV 오디션 프로그램만 봐도 알 수 있지만 예쁘고 매력 있는 외모의 친구들이 너무나 많다는 것을 느낀다.

하지만 사실 무조건 잘 생기고 예쁘다고 해서 상대가 호감을 가지고 시청자들이 팬으로 바뀌는 것은 아니다. 사람의 인상을 결정하는 데에는 외모뿐만 아니라 바로 목소리가 아주 큰 영향력을 발휘한다.

장동건도, 김태희도 목소리가 가늘고 갈라지거나 하이톤이었다면 광고 하나 크게 찍지 못했을 것이며, 지금과 같은 인기도 누리지 못했을 것이다. 첫인상은 외모로 결정된다고 하나 그 좋은 인상을 더욱 강하게 굳히는 것은 목소리다.

나는 프리랜서이다 보니 직업상 미팅을 많이 하게 되는데, 그래서 미팅 자리에서 내게 상품이나 사업 설명을 해주는 기업 담당자분을 다수 접하게 된다. 간혹 웅얼거리듯 말씀하시고 목소리가 불분명한 분, 힘이 없는 분을 접하게 되면 처음 만나는 자리부터 회사에 대한 신뢰나 상품에 대한 매력이 반감되는 느낌을 받기도 한다.

엄청난 노력과 비용을 들여 개발한 상품이나 기획한 행사를 대외적인 사람들에게 멋지게 어필하지 못 한다면 그 얼마나 아쉬운 부분인가. 스피치가 잦은 직업군이라면 연습에 연습을 더해서 꾸준한 관리, 보이스트레이닝을 시도하자. 목소리도 얼마든지 변화가 가능하기 때문이다.

흔히 사람들은 얼굴은 타고나지 않아도 성형하면 되지만 목소리는 바뀌기 힘들다고 생각한다. 하지만 목소리도 충분히 바뀔수 있다. 정확한 발음으로 또렷한 인상을 만들어 낼 수 있고, 복식으로 내는 소리를 훈련하면 부드럽고 울림이 있는 큰 목소리를 낼 수 있다. 성형이 아닌 피나는 노력으로 만들어지는 결과물인 셈이다.

얼굴은 성형으로 고치고 몸매는 운동으로 고치고 목소리는 훈련으로 고치면 된다. 아나운서나 방송인들이 처음부터 굵고 신뢰감 있는 목소리를 냈을 거라고 추측했다면 오산이다. 태어날 때부터 모두가 좋은 목소리를 갖고 있었던 것이 아니라는 사실은 내게도 통하는 말이다.

나는 일반인과 다름없는, 그것도 경상도 억양을 구사하다 보니 특유의 하이톤 목소리를 가지고 있었다. 하지만 아나운서나 방송인이 되고 싶었던 나는 누가 시키지도 않았는데 중학교 때부터 녹음 놀이를 하는 습관이 있었다. 내가 말하는 것을 녹음해서 다시 들어보면 스스로 부끄럽지만 꽤나 재미가 있었던 모양이다.

고등학교 때쯤에는 꽤 실력이 늘어서 친구에게 들려주니 앵커 같다는 피드백도 들었다. 그렇게 뉴스 멘트를 큰 소리로 읽고 억양을 펴서 사투리 느낌을 없애려 노력했다. 처음에는 한 문장 제대로 구사하기가 힘들었지만, 나중에는 편안하게 문장을 구사하고 있는 나를 발견했다.

대학에 와서는 교내 방송국 아나운서 오디션을 봤다. 결과는 어땠을까? 당연히 합격이었다. 선배들은 하나같이 '프로같이 멘트를 잘 구사하는데, 연습을 좀 하신 건가요?' 하며 놀라워하기도 했다. 교내 아나운서가 된 이후에는 더 많은 노력을 기울여서 현재 목소리의 팔 할은 그 당시 만들게 됐다.

물론 아나운서 멘트를 할 때와 발표를 할 때의 목소리는 확연히 달라서 스스로도 놀랐다. 심리적 위축과 동시에 콘텐츠를 소화해야 하는 발표 스피치는 나를 순식간에 오징어로 만들어 놓는 것이었다. 목소리는 기술도 중요하지만 무엇보다 심리적인 안정과 자신감이 뒷받침돼야 비로소 아름답고 곧게 뻗어나갈 수 있다.

언제 어디서든 당당한 나를 표현하고 그 이미지를 목소리에 담을 수 있도록 노력하자. 하루에 10분, 몇 달만 꾸준히 훈련해도 나의 목소리 깊이는 이미 달라져 있음을 발견할 것이다. 외모를 가꾸는 만큼 목소리를 가꾸면 어떤 일들이 벌어질까? 목소리 하나로 광고 몸값이 높아진 연예인들의 이야기가 당신의 이야기가 될지도 모르는 일이다. 호감도가 상승하고 이성관계든 커리어에서든 분명 빛을 내기 시작하고 삶의 질이 급상승하는 결과를 보게 될 것이다.

: 복식발성 훈련법

힘과 매력이 느껴지는 목소리를 만들기 위해서는 복식 발성 훈련을 해야 한다. 입을 크게 벌리고 가능하다면 손거울을 이용하여 입안을 관찰해보자. 입을 벌렸을 때, 목구멍 중간에 목젖이 보이도록 관찰해야 한다. 그 상태에서 하품을 해보자. 이때 목구멍의 윗부분은 둥글고 넓은 모양으로 올라간다. 목젖 바로 위에 붙어있는 연구개라 불리는 부위가 위로 올라가는 것을 관찰하면서 감을 익혀야 효과적이다.

목구멍이 열린 느낌을 유지하며 '아~~~'하고 중저음의 소리를 내어보자. 무엇보다도 목구멍 위쪽의 모양이 둥글게 상승하는 상태가 되어야 한다. 성대에서 나온 소리가 넓어진 공간에서 둥글게 공명하며 좋은 목소리가 생성되는 것이기 때문이다.

더불어 입 안에 공간을 넓힐 수 있도록 혀를 최대한 낮추고 발음하는 것이 울림의 관건이다. 문장의 첫 음가, 의미가 시작되는 음절에 이러한 울림 발성을 가미하며 문장을 낭독하는 훈련을 하자. 첫음절에서는 힘을 주는 동시에 입안의 공간을 충분히 확보하여 울림을 주는 것도 잊지 말자.

(뱃심)처음 만나는 자리라면 (뱃심)듣는 이는 (뱃심)말하는 이의 모습에 (뱃심)호기심과 의심의 감정을 (뱃심)동시에 가진다.

(뱃심)따라서 (뱃심)첫인상을 위해서는 (뱃심)무엇보다도 (뱃심)비언어에 신경을 써야 (뱃심)한다.

#삶의질급상승 #목소리성형 #목소리도얼굴
#중저음이호감 #발성훈련

말없이 호감을 주는 방법

　주변에 친한 사업가분들이 꽤 있다. 그분들은 아무래도 일의 수주를 따기도 하고 남 앞에 서서 말을 해야 하는 경우가 많아서인지 말하기에 늘 주저함이 없고 대담한 모습을 갖고 계신다. 그런데 가끔은 그렇게 말을 잘하는 분이고 친한 사이임에도 불구하고 만남이 부담스러울 때가 있다. 요즘 표현으로 소위 '기빨린다'는 느낌을 강하게 받기 때문이다. 웃을 일이 아닌 것이 정말로 대화를 나누다가 비 맞은 빨래처럼 축 처진 느낌으로 돌아오곤 하는데, 그 이유는 그분들이 말을 잘해서가 아니라 말을 혼자 너무 많이 하시기 때문이다.

　반면에 스피치 코칭과 강의를 업으로 삼는 나의 경우는 어떨까? 의외로 말이 많지 않아서 사람들이 의아해한다. 일부러 말을 해야 하는 상황이나 설명을 해야 하는 경우가 아니고서는 주로 관찰하고 듣고 맞장구치는 일이 더 많은 느낌이다. 때로는

'이런 내가 어서 바뀌어야 달변가가 되는 걸까?' 라는 고민을 해 본 적도 있다. 하지만 오랜 경험과 시행착오 끝에 내린 결론은 '굳이 많은 말은 필요가 없다'라는 것.

또 한편으로 생각해 볼 문제는 "저 사람, 좋은 사람인 것 같아."라고 주변의 평가를 받는 사람은 생각대로 말로 뱉지 못 해서 답답한 사람인 경우가 있다. 착한어린이 콤플렉스를 가지고 있는 사람들의 고충이다. 남의 눈치를 보느라 오히려 말하고 싶은 것 까지도 말하지 않고 담아두는 성향이 많다. 그러다가 대인 관계에서 스트레스와 우울감을 느껴 답답함을 토로하거나 오히려 화병 증상이 오기도 하니까 그러한 평가에도 목을 맬 필요는 없다. 무엇이든지 적당해야 제격이니 유의해야 할 부분이다.

: 소통의 묘약 리액션 & 되풀이

스피치는 어디까지나 '소통'을 전제로 하고 있다. 아무리 대중 스피치를 한다고 할지라도 '나'보다는 '상대방'에게 초점을 맞추고 소통하는 것에 주력해야 한다. 따라서 인정받는 사람, 호감이 가는 사람으로 여겨지기 위해서는 절대로 말이 많을 필요도 없고 일부러 말을 줄이는 것도 정답이 아니다.

발표를 하든지 대화를 할 때에는 상대방이 필요로 하는 정보, 듣고 싶어하는 내용을 적절한 타이밍과 적절한 분량으로 할 수 있어야 성공적이다. 더불어 상대가 말하는 내용을 잘 캐치하고 그것에 적극적으로 반응해주는 것이 올바른 소통 기법이다.

 가끔 강의를 가거나 대화를 할 때면 유난히 내 마음속에 하트를 심어주는 분들이 있다. 그런 사람들은 어떤 특징을 갖고 있는 것일까? 다름 아닌 '응', '맞아' 하면서 계속 연신 고개를 끄덕이고 공감의 표정을 지어주는 사람이다. 그런 사람에게는 '내 이야기를 진심으로 들어주는구나', '내 말을 성의 있게 들어주는구나'라는 생각에 마음이 온통 보람으로 꽉 차는 느낌마저 들곤 한다.
 나 또한 리액션이 좋은 사람이 되어야겠다는 생각에 항상 대화나 소통에서 적극적인 액션을 취하는 편이다. 대화에서는 특히 끄덕임과 맞장구를 잘 주는 편인데, 스스로도 놀랄 정도로 효과는 크다. 처음 보는 사람들마저 내게 사소한 사생활을 털어놓는 비밀 무기가 되어버린 것이다.

 하루는 강원도 리조트에 광고 촬영을 갈 일이 있어서 스텝들과 차에 동승하게 됐다. 상대 배우로 출연하는 모델과 이러쿵저러쿵 가는 내내 대화를 나누게 됐는데, 촬영지까지 가는 동안 그분이 하는 일과 가치관, 그리고 전의 전 여자친구 이야기까지도 모두 듣고야 말았다. 그리고 나서 모델분이 하는 말이 "내가 왜 이런 얘기까지 한 거지? 어허 고운씨 참 무서운 사람이네! 자기 이야기는 별로 안 하고!" 하는 거다. 내가 만약 무표정으로 고개를 움직이지 않으며 "네~", "네에~" 하며 이야기를 들었더라면 어땠을까. 아마도 결코 그분의 여자친구 히스토리는 들을 일이 없었을 것이다.

리액션과 더불어 효과적인 호감 대화법은 상대가 말을 할 때마다 그가 말한 키워드를 복창하듯이 되풀이해주는 것이다. 상대가 말한 것의 일부를 요약해서 말하는 '되풀이 말하기'라고 보면 되는데, 예를 들어서 "봄에 피는 벚꽃이 정말로 예쁘죠~ 저는 벚꽃이 제일 좋아요!"라고 상대가 말을 하면 "그렇군요, 벚꽃을 정말 좋아하시는구나!" 하고 되풀이하는 것이다. 별말은 하지 않았지만, 상대방은 신이 나서 다음 이야기로 넘어가는 현상을 경험하게 될 것이다.

이러한 소통법이 익숙해지면 대화가 항상 즐거워진다. 나에 관한 PR을 애써 많이 늘어놓는 것보다도 훨씬 '좋은 분이세요', '호감입니다'라는 말을 많이 듣게 될 것이다. 단순한 잡담과 신변잡기를 하건 중요한 대화를 가건 간에 어떤 상황에서나 통용되는 방법이니 실천해보자.

결론적으로 말이 적거나 말없이도 충분히 호감을 주는 방법은 존재한다. 호감은 말의 양과 비례하지 않으며, 말의 질이 높다는 것은 상대방에게 얼마나 초점을 맞추어 반응하느냐와 관

련이 있다. 여기에 따뜻한 몸짓언어를 곁들이는 센스가 있다면
금상첨화라는 것도 잊지 말자!

#리액션중요 #소통비법 #사람좋아보이는비결
#말없이호감 #상대방에초점

제스처는 멋이 아니라 말이다

'에이~ 손짓이 뭐가 어려워?' 혹은 '손 그까짓 것 뭐 대충 크게 움직이면 멋있겠지!' 라고 생각하는 사람들도 막상 발표에 돌입하면 엉거주춤한 자세로 부동의 손으로 말하는 경우가 많다. 스피치를 배우는 교육생들이 말하는 어려움 중 굉장히 크게 빈도를 차지하고 있는 부분은 제스처의 연출이다. 군대에서 갓 제대한 복학생 모양새로 뒷짐을 지고 말하는 사람도 있고, 특히 스피치만 하면 앞으로 손을 공손하게 모은 채 부동자세를 취하는 분들도 있다.

제스처는 메시지 의미를 명확하게 해주며, 특정 단어나 구절을 강조하는 기능을 하고 청중의 시선을 모으는 역할을 하는 등 굉장히 큰 힘을 발휘하는 스피치에 일부 기능이다. 그래서 손짓언어가 가지는 기능의 이해를 제대로 하고 있는 사람이라면 제대로 연습을 하고 싶어질 수밖에 없다.

"저는 분명히 손을 움직였다고 생각했는데……."

스피치를 촬영한 뒤 함께 영상을 보면서 교육생들은 깜짝 놀라곤 한다. 내용에 집중하느라 본의 아니게 손의 사용을 간과하는 경우가 많기 때문이다. 또 손에 집중하면 스피치 내용이 머릿속에서 달아나는 웃지 못할 현상이 벌어져서 난감해지고야 만다.

제스처를 훈련하면서 모양새가 이상하다고 해서 너무 실망하고 성급하게 포기할 필요가 전혀 없다. 다만 우리가 외국어를 배울 때와도 마찬가지로 일단 자주 시도하고 훈련하는 것이 더욱 중요하다. 무의식에 심어지고 나면 말과 동시에 자연스러운 손짓이 절로 나오기 때문이다.

나는 스피치 코칭 교육가로서 고수들의 제스처를 참고하며 일종의 패턴을 만들어 보기도 했다. 스피치 교본으로 불리는 스티브 잡스, 오프라윈프리, 오바마 대통령은 항상 말에 맞추어 열정적인 손짓을 하는데 그들의 공통점은 곧 나의 강의 지침이 되었고 말이다. 항상 손으로 얼굴과 몸통을 가리지 않고서 바깥을 향하거나 상승형을 취하고 있는 것이 그들의 제스처 공통점이었다.

팔의 움직임은 직선이 아니라 곡선이 많았고, 마치 콜라병을 쓰다듬듯 자연스러운 손짓이 인상적이었다. 흡사 지휘를 하는 듯도 보이나 박자에 맞춰서 움직이되 이유 없이 손을 마구잡이식으로 움직이는 법은 없다는 게 핵심이다. 제스처는 스피치가 변화하는 시점과 의미에 맞춰서 강조하듯 움직여야 효과적이기 때문이다.

: 제스처의 기본자세를 익히자

손을 자유로이 놓아 두어야 하는데 이때 손을 어디에 두어야 할지 잘 모르겠다고 난감해 하는 사람들이 많다. 팁을 주자면 깍지를 끼거나 탁자를 누르고 있거나 호주머니 속에 넣어두는 등의 부동자세는 좋지 않다. 언어의 효과를 반감시키거나 거만한 인상을 줄 수 있기 때문이다.

제스처의 기본자세로는 우선 팔 전체로 움직이는 것이 이상적이다. 제스처는 말에 강세를 주고 시선을 모으기 위해 하는 것이다. 따라서 제스처는 역동적일수록 더 효과적이며, 어깨에서 손에 이르기까지 팔 전체를 유기적으로 움직여야 보기에 좋다. 간혹 여성의 경우 제스처를 팔목을 까딱하는 식의 소극적인 모습을 보이기도 해서 아쉬움을 준다. 손이 위로 올라가면 팔꿈치도 따라 올라가고 어깨도 약간 들리며 팔을 넓게 펼치면 팔꿈치와 어깨도 바깥으로 따라 움직이기 때문에 동시에 무대 장악력이 생긴다.

⋮ 제스처의 연출은 명쾌하게!

제스처는 항상 크고 분명하게 완성해야 한다. 몸통 안쪽보다는 좌우 바깥으로 손을 넓게 사용하는 것이 시원시원하고 보기 좋다. 제스처는 시선을 집중시키기 위한 것이지 시선을 혼란시키는 것이 아니므로 부적절하거나 불필요한 손짓을 하지 않고 정제된 손짓을 하는 것이 포인트다.

간혹 어색함에 모양을 제대로 마무리 짓지 않고 어설프게 어영부영 끝나는 경우가 많은데 한 번 동그라미를 그리기로 했으면 동그라미를 확실하게 마무리 짓고 상승과 하강 등의 뜻을 나타낼 때도 손을 길게 뻗거나 길게 아래로 내리는 등 완성도 있게 제출하는 것이 중요하다.

청중의 이해를 돕기 위해서는 손짓으로 의미를 형상화하려고 노력해야 한다. 청각 장애인이 사용하는 수화와도 같이 손짓으로 표현할 수 있는 의미가 다양하기 때문이다. 간혹 제스처에 대한 강박관념이 있는 사람들은 의미와는 무관하게 무작정 손을 휘젓듯이 움직이는 경우가 있는데 청중의 시각을 혼란스럽게 만들 수 있어서 유의해야 한다.

아래와 같이 예문에 맞춰 제스처 훈련을 해 나가면 더욱 효과적이다. 괄호 내용에 맞춰 움직이며 낭독하면 된다. 또는 나만의 제스처 스타일이 있다면 문장 의미에 따라 효과적으로 손짓을 연구해보는 것도 좋겠다.

X의 (검지로 1을 꼽아 올리며) 첫 돌을 앞두고 우리는 여기서 (상승곡선을 그리며)한 단계 더(양팔을 넓게 벌려 강조) 나아가고자 합니다.

(양손을 가슴에 얹고) 우리는 그동안 배운 (양팔을 넓게 펼치며) 모든 것에 새로움을 더해 (선사하듯이 손바닥 펼쳐 보이기)X를 만들었습니다.

X는 정말 (넓게 수평으로 팔을 벌리며) 그 어느 제품보다 (엄지를 꼽아 보이며) 아름답습니다. (제품을 크게 가리키며) 이것이 바로 X입니다!
(양 팔을 크게 벌려 튕기듯 강조) 정말 놀라운 최고의 제품입니다! (박수)

#제스처는말이다 #손짓은어려워 #모니터링필수
#곡선으로손짓 #명쾌하게제스처

의미 있는 몸짓으로 말해라

흔히 몸을 가만히 두지 않고 움직이며 말하는 것이 굉장히 열정적일 것이라고 생각한다. 하지만 스피치를 할 때에 몸은 고정하고 있는 것이 좋다. 기본적으로는 반듯한 자세를 취하고 시선을 모으는 것이 우선이기 때문이다. 반듯하게 시작한 뒤 내용에 따라 움직임을 고민해야 한다.

그렇다면 과연 어떻게 움직임을 주는 것이 좋은 것일까? 움직임은 청중의 시선을 모아주기도 하고 분산시키기도 하는데, 편안하면서도 절도가 있어야 한다. 말은 쉽지만 연출이 굉장히 어려운 경지다. 더 쉽게 말하면 불안한 움직임을 줄여야 한다는 뜻이기도 하다. 긴장을 하면 불안한 움직임이나 잦은 걸음걸이를 주는 경우가 자주 발생한다. 결국 이러한 움직임은 연사가 자신이 없다는 것을 반영한 셈이므로 우선은 움직임을 주기 전에 바른 자세를 꼿꼿이 유지하는 것이 좋다.

연습을 하고자 할 때는 단상에서 스피치를 하는 경우도 많지만, 되도록 단상이 없는 상태에서 스피치를 연습해야 더 많은 훈련 효과를 얻을 수가 있다. 움직임을 주는 훈련을 할 때 발끝에서 머리끝까지가 모든 움직임에 속하기 때문에 모습을 거울로 보거나 비디오카메라로 찍으면서 훈련하는 것도 효과적이다.

⦂ 이유 있는 움직임을 줘라

스피치 움직임에서 중요한 부분은 필요한 만큼만 몸을 움직여야 한다는 것이다. 몸을 지나치게 흔들거나 불필요하게 왔다 갔다 해서는 안 된다. 별 이유 없이 단상 옆을 이곳저곳 옮겨 다니는 분들도 계시는데 반드시 금해야 한다. 이렇게 하면 어떤 단점이 생겨날까? 청중이 연사를 보기 위해 계속 몸을 풀거나 고개를 돌려야 하는 현상이 생겨서 스피치에 집중까지 할 수 없게 된다.

더불어 '모든 스피치 움직임에는 목적이 있어야 한다'는 것을 분명히 하자. 특별히 목적을 갖지 않은 무의미한 움직임을 주면 시선을 현혹하고 집중력을 흩트린다. 이런 무의미한 동작들은 무의식적으로 나오는 것이 대부분인데, 가능한 한 의식적인 노력을 통해서라도 줄여야 한다. 보통 발표자들이 스피치 중에 만들어낼 수 있는 좋지 못한 행위들은 다음과 같다.

– 몸을 좌우로 앞뒤로 자꾸 흔들어대는 행위
– 일명 짝다리로 다리에 무게중심을 이쪽저쪽으로 자꾸 옮기는 행위
– 단추나 옷도는 넥타이를 만지작거리는 행위
– 머리를 쓰다듬는 행위
– 머리카락을 만지거나 뒤로 보내기 위해 고개를 젖히는 행위
– 손가락으로 탁자를 치거나 손바닥으로 가장자리를 문지르며 말
  하는 행위
– 손을 비비며 말하는 행위
– 호주머니에 손을 넣었다 뺐다 하는 행위
– 팔찌나 시계 등 장신구를 만지작거리는 행위
– 팔과 소매를 걷어 올리는 등의 행위

정말 다양한 개인적 특성을 보이는 분들이 있었다. 나 또한 내 스스로는 어떠한 습성이 있을까 궁금해서 스스로 동영상을 자주 촬영해 본 적도 있다. 필자인 나에게는 어떤 습관이 있었을까?

한때 나는 말이 끝나는 어미마다 턱을 약간씩 드는 움직임 특성이 있어서 고개를 들지 않으려 무던히 연습하곤 했다. 완벽한 스피치를 하는 사람이 어디 있겠는가.

누구든지 이런 잘못된 몸짓 습관들이 있으므로 촬영을 하거나 피드백을 받아서 비호감인 경우에는 반드시 교정을 하려고 노력하면 많은 성과가 있을 것이다.

: 무대입장도 스피치다

　그동안은 간과했던 부분일 테지만, 무대와 단상에 최초로 접근을 하게 되는 첫인상의 움직임은 어때야 할까? 지금부터는 이때가 바로 스피치의 시작이라고 생각해야 한다. 자신감이 결여된 발표자는 허리를 숙이거나 엉덩이를 약간 쭉 뺀 상태에서 땅으로 시선을 고정시킨 뒤 걸어나가는 모양새가 많다. 더군다나 단상이나 청중 앞에 서자마자 청중을 바라볼 틈도 없이 말을 시작하고야 만다.

　이러한 단상 접근, 그리고 오프닝 순간의 행위는 스피치를 시작도 하기 전에 결과를 망쳐버리는 결과를 낳을 수 있으니 유의하자. 설사 스피치에 자신이 없다 하더라도 허리를 곧게 펴고 당당하게 일부러 걸어나가 단상에서는 모습을 취한다. 그런 후에는 청중을 한 번 쭈욱 둘러보는 여유를 가지자. 천천히 스피치를 시작해야 한다. 청중 또한 화자와 교감하며 스피치를 받아들일 준비를 하는 기회가 필요하기 때문이다.

　발표자의 자세는 그의 정신적 준비 상태와 침착성을 반영한다. 태도와 움직임이 바르고 굳건할수록 정신적으로 잘 준비되어 있으며 침착하다는 것을 보여주지만 한쪽으로 기울어져 있거나 삐딱하게 하고 있는 경우에는 정신적으로 해이한 상태에 놓여 있음을 반영하는 것이다.

　정신적 준비 상태를 돋보이게 하기 위해서 너무 의식적으로 꼿

꼿한 것도 문제지만 사실 차라리 기계적인 당당함이 소심한 모습보다 훨씬 좋은 이미지로 각인된다.

따뜻한 응시를 위한 노하우

'그의 눈빛을 바라보면 정말 빠져버릴 것 같은 느낌이 들어!'
'그 애는 너무 눈빛이 흐리멍덩해서 멍청해 보이기도 해!'

흔히 눈을 마음의 창이라고 한다. 눈은 그 사람의 심리 상태를 잘 반영한다는 것이 되겠다. 그런데 의외로 스피치를 할 때 청중을 마주 바라보지 못하고 왼쪽이나 오른쪽 또는 천장을 쳐다보는 분들이 많았다. 나 역시 시선을 어디다 둬야 할지 몰라 하던 때가 있었다. 한편으로는 시선을 교정한다는 것이 곧 심리를 교정하는 것과도 연관이 있었다. 시선은 늘 심리적으로 위축된 내 모습을 반영하고 있었기 때문이다.

심리와 시선이 함께 작용한다는 것에는 누구나 공감을 할 것이다. 그동안 살아오면서 거짓말을 할 때마다 동공에 지진이 일어나는 현상을 경험해보지 않았는가? 청중은 발표자의 시선에 따라 많은 것을 눈치채기도 하고, 시선이 불안할 때는 그만큼 공신력을 낮추어 평가하기도 한다. 따라서 스피치를 효과적으로 실행하기 위해서는 청중을 제대로 응시하고 바르게 정면을 볼 수 있어야 한다.

: 축으로 움직이자

교육생 중 어떤 분은 항상 고개만 정면을 향하고 눈동자는 자주 엉뚱한 쪽을 비스듬히 쳐다보는 모습을 보였다. 자주 바닥이나 천장을 올려다보는 모습을 보이기도 했는데 흡사 옆으로 째려보는 듯한 모양새로 비춰져서 비호감적인 이미지를 연출하고야 말았다. 그래서 나는 고개와 시선의 일치를 훈련하기 위해 하나의 단어를 강조하고 있다. 바로 '축'이다.

시선 응시와 더불어 몸의 방향은 굉장히 중요하다. 시선과 고개 그리고 되도록 상체까지 함께 하나의 축으로 움직이며 방향을 잡는 연습을 하면 스피치의 자태가 아름다워진다. 시선과 고개가 따로 노는 순간 매력과 신뢰는 함께 달아난다는 것을 명심하자.

일례로 지금 레드 카펫 위를 걷는 여배우를 상상해보고 떠올려보자. 포토라인의 기자들이 손을 흔들어 달라고 요청이 왔을 때 만약 여배우가 손과 시선 그리고 몸 방향이 따로 논다고 생각해보라. 그 얼마나 우스꽝스럽고 성의 없는 모습일까! 연기자들이나 가수들이 팬이나 기자들을 향해 손을 흔들면서 시선과 고개, 그리고 몸짓을 일치시켜 좌우 그리고 뒤까지 확실하게 축을 틀어 행동할 수 있도록 미리 예행연습하기도 할 만큼 자세는 중요하다.

이렇듯 축으로 움직이면서도 청중 개개인의 눈을 자연스럽고 따뜻하게 쳐다보면서 스피치나 행동을 취해야 비로소 시선은 완벽해진다. 따뜻한 응시는 서로 간의 교감을 형성해 주기 때문에 효과를 배가시킬 수 있고, 또 응시를 한다고 해서 지나치게 한 사람만을 뚫어지게 쳐다보는 것은 좋지 않다. 상대가 부담을 느껴 눈길을 돌리게 되고 이런 모습을 보게 되면 연사 자신도 어색함을 느끼게 된다. 따라서 천천히 시선을 옮기면서 한 사람 한 사람을 차례로 응시하는 것이 좋다. 청중을 골고루 응시하라고 하면 어떤 발표자는 빠른 속도로 고개를 이쪽저쪽 재빠르게 좌우로 흔드는 경우가 있는데, 이미지가 가볍고 경망스러워 보일 수도 있기에 주의해야 한다.

: **응시에도 노하우가 있다**
　청중을 응시하는 훈련을 할 때에는 1초에서 2초 이상 말의 의미 단위에 맞춰서 고개와 시선을 함께 움직이면 된다.

"만약 응시에 부담을 느낄 때는 어떻게 해야 할까요?"라는 질문을 많이 받는 편인데, 청중의 눈을 정면으로 응시한다는 것은 숙달된 이에게도 결코 쉬운 일이 아니다. 우리나라 사람들은 서양 사람들과 달리 아주 친한 사이가 아니면 깊은 응시를 하지 않는 편이다. 이러한 전통 때문에 우리나라 연사들은 청중을 똑바로 쳐다보는 것을 부담스럽게 여기는 경우가 많다.

응시가 부담스럽게 느껴지면 억지로 하려고 하는 것보다는 다른 방법을 찾는 것이 좋다. 괜히 억지로 응시하려다가 스피치 내용 구사에 차질이 생길 수도 있기 때문이다.

상대방의 눈을 쳐다보는 것이 부담스러우면 그 사람의 콧등이나 인중, 미간을 쳐다보자. 이와 유사한 방법으로 응시 부담감을 해결할 수 있다. 또한 머리 바로 윗부분을 찾아보는 방법도 있다.

대중 스피치는 특히나 단상 위에서 내려다보고 하는 경우가 많기 때문에 청중의 머리 끝부분을 쳐다보면 발표자가 마치 자신을 정면으로 보고 있는 것처럼 느끼게 된다. 모든 청중을 고루 보는 것이 어렵고 부담스럽다면 한쪽 청중을 다른 쪽보다 더 많이 봐도 상관은 없다.

자신의 스피치에 호의적인 반응을 보이는 쪽이 있어서 그쪽을 쳐다보는 것이 더 편안하게 느껴질 수도 있겠지만, 한쪽만

유독 바라본다거나 특정 개인과 대화를 하는 것처럼 보이지 않
도록 유의해야 한다.

'비주얼 스피치' 아이돌 말하기

걸그룹 신드롬에 이어 '워너원', '방탄소년단'처럼 보이그룹이 큰 대세를 이루는 요즘 우리나라 대중문화. 어쩌면 자연스런 현상인지도 모른다. 끼와 재주 넘치는 우리 민족의 진면모가 제대로 드러나고 있단 생각이 들기도 한다. 유교적 문화가 팽배하던 조선시대에도 그리고 억압된 시대에도 분명 이런 끼 넘치는 소년 소녀들은 가득했을 텐데… 이런저런 생각들이 문득 스쳐 지나가곤 한다.

아이돌 연예인들의 방송활동 그중에서도 예능 프로는 이제 명실상부 아이돌 연예인들의 주요 활동 무대가 되고 있다. 웃음 코드가 주된 스피치의 방향인 개그맨과는 또 다른 색채를 보여주고 다양성 넘치는 매력을 갖추고 있기 때문에 더 시선이 갈 수밖에 없다는 사실!

스피치적으로 관찰하자면 이들은 주로 시각을 자극하며 보는 즐거움을 가중시키는 '비주얼스피치'를 구사하는 공통점이 있다. 첫인상이 형성될 때는 시각이 크게 좌우하기 때문에 엄청난 강점을 지닌다. 다양한 표정 변화와 멤버 간의 '케미 리액션' 그리고 외모적 매력. 이러한 강점들이 시청자와 팬들을 매료시키고 웃음 짓게 만든다.

하지만 모든 것엔 양날의 칼이 존재하는 법. 과도한 튀는 액션과 도발적인 언행은 간혹 무례함이나 가벼움으로 비춰질 수도 있기 때문에 신인으로서 이제 막 활동하는, 이미지메이킹 시작 단계에 놓인 분들이라면 어떠한 스피치적 요소를 부각시켜 대중 앞에 나설 것인가에 대해 더욱 심혈을 기울여야 한다.

일반 대중이나 시청자의 심리를 상식적으로 인지하는 이해도를 높이기 위해서 데뷔 전후로 충분한 케이스 스터디와 예행 방송스피치 트레이닝을 받는 일도 좋은 방법이 되고 있다. 요즘 나는 그러한 교육의 담당자가 되어 다양한 연예기획사에 꾸준히 출강을 다니고도 있기에 중요성을 직접 체감하곤 한다.

더불어 이들은 칼군무가 그 면모를 드러내 주듯 '하나'의 통일된 느낌이 강점으로 작용한다. 단체로 움직이고 함께 등장하는 특성상 다른 멤버들을 살피고 함께 움직이고 함께 말하는 '유닛(unit)스피치'가 또 하나의 매력으로 드러난다.

이때는 멤버 간 개성 강약 차이와 더불어 서로를 배려하고 존중하는 태도가 균형을 이뤄가는 모습이 너무나 중요하다. 말투나 호칭에서도 면모가 드러나지만, 몸의 기울기가 서로를 향하고 있는지 시선과 몸이 따로 놀지는 않는지 등등 바디컨트롤이 커다란 측정 포인트가 될 것이다.

액션스피치는 한 명일 때 다르고 두 명일 때 다르고 셋 이상일 때 달라야 진정한 프로란 사실을 좋은 예를 직접 수집하며 교육하고 있다. 전례 없는 강의이지만 사실은 모태가 커뮤니케이션과 이미지메이킹이기에 많은 것들을 맞춤형으로 가공해서 제공하는 트렌디 강의라고 볼 수 있다.

아이돌이 마냥 가볍다고 생각되거나 음악성이 부족하다고 인식되던 때도 있었지만, 이제는 전혀 아닌 사실이 돼버린 지 오래다. 수많은 오디션 프로그램을 지켜보고, 그리고 직접 현장에서 소통하며 느낀 바는 '아, 대한민국은 정말 대박이구나!' 애국심이 절로 샘솟는 감동만이 맴돌 뿐이다.

다만 아쉬운 사실은 그 모든 연습생들이 전부 스타가 되지는 못한단 점, 그리고 한순간의 실수로 스타 대열에서 사라지기도 한단 점이다. 생명력이 강한 그리고 한류스타가 된 아이돌 연예인의 특성은 노래나 춤도 중요하지만, 어디까지나 만인을 끌어당기는 진정성과 문화에 따른 유연한 소통력을 겸비하고 있다는 점에서 남다르다.

좋은 사례에 대한 벤치마킹 그리고 내적 성찰은 1인사업가이자 강사인 나도 해야 하지만, 아이돌이 성장하는데 더 많은 영양분이 될 수밖에 없는 중요한 작업이 될 것이다. 이 중요한 호감적 가치는 음악이 아니라 말과 행동을 아우르는 스피치커뮤니케이션으로 보여줄 수 있고 말이다.

이들의 매력적인 스피치 영향력으로 많은 어린이와 청소년들이 빛나는 가치관과 열정을 가지는 그런 훈훈한 사회 모습이 갖춰지기를 뜨겁게 희망한다.

#아이돌스피치 #예능감 #비주얼스피치
#이미지메이킹 #배려하며말하기

소재 보따리,
트렌디(trendy)하게 채워라

스피치 재료를 쌓는 저장고 SNS

'지금 당장 스피치 고수가 쓴 책을 읽으면 도움이 될까?'

'나도 스피치 학원을 다니면 말을 잘할 수 있을까?'

말을 잘하고 싶은 마음은 누구나 마찬가지. 하지만 외국어 공부와 마찬가지로 우리말을 잘한다는 것 역시 단번에 해결될 수는 없는 일이다.

하지만 더 쉽고 더 빠르게 말을 잘할 수 있는 비결 또한 분명히 있기 때문에 희망적이다. 어서 훈련부터 해야 한다고 서두를 수 있지만, 그 이전에 해야 할 작업이 있다. 바로 스피치 재료를 차곡차곡 쌓아 올리는 일이다.

분명 말솜씨는 있는데 따지고 보면 별 효용이 없는 사람들이 있다. 반면에 말투는 어눌하지만 어딘가 모르게 호감이 가고 설득력 있는 사람도 있다. 두 가지가 적절하게 조화를 이루면 얼마나 좋을까? 굳이 한 쪽을 택하라면 나는 후자를 택할 것이다. 말 한마디를 하더라도 좀 더 공감 가는 이야기 재료, 흥미로운 에피소드로써 충분히 매력을 끌 수 있기 때문이다.

그렇다면 방송인 김제동 씨와 유시민 작가 같은 달변가들은 평소 어떤 노력과 훈련을 해 왔기에 촌철살인의 한마디를 던질 수 있는 것일까? 보면 볼수록 얼마나 많은 시간 날카롭게 칼을 갈아왔을지가 느껴지는 사람들이다. 사람의 가슴을 파고드는 언어의 칼날을 위해서 말이다.

: '끄적임'에는 힘이 있다

아무 생각 없이 끄적인 메모가 문득 머릿속에 스치며 말로써 나온 경험이 다들 한 번쯤은 있을 것이다. 선생님이 "암기 공부를 할 때는 눈으로 읽기만 하지 말고, 손으로 쓰면서 해봐!"라고 조언하듯이 유창한 스피치를 위해서는 쓰면서 머릿속에 재료를 저장하는 과정이 필요하다.

자신이 머리가 나빠서 메모를 해 봤자 기억을 못 한다고 말하는 사람들은 시도조차 하지 않은 경우가 대부분이다. 결국 '귀차니즘'을 극복하지 못한 채로 변명하는 것은 아닌지 자문해보자.

우선 '끄적이는' 메모 습관을 들이는 것이 중요한 까닭은 단언하건대 반드시 말하기에 실력을 부여하는 습관이 될 것이기 때문이다.

이것저것 보고 읽고 또 그것들을 메모하자. 풍부한 말의 재료들은 다양한 문장으로 재조합되고 응용되면서 끊임없이 진화할 것이다. 몹시 기대되지 않는가?

나는 솔직히 말하면 펜과 메모장과 친하지 않다. 항상 갖고 다니기가 힘들단 생각을 가지고 있는데다 손으로 적는 순간, 스스로 맘에 들지 않는 손글씨체에 실망을 하기 때문이다. 조금 엉뚱하기도 한데 오래전부터 내게 쓰는 이메일이나 온라인상에 나만의 글을 자주 써놓고는 했다.

고등학교 때는 나만의 비공개 카페를 만들어서 그곳에 하루하루 힘든 이야기를 일기식으로 적기도 했고, 읽은 책, 영화, 그리고 음악 이야기를 그야말로 끄적거렸다.

한창 감수성이 폭발하던 시기라 그 내용은 지금 읽어도 따라갈 수 없을 만큼 감성적이고 소위 손발이 없어지는 수준이다. 하지만 그 표현이 어찌나 신선하고 기발한지… 몸과 마음이 말랑말랑한 시기에 축적한 많은 재료들이 고스란히 지금 쓰이는 언어에도 영향을 주고 있음을 느낀다. 이 글들이 결국 사라지지 않고서 말로써 먹고 사는 나의 직업을 만들어주기도 했으니까 말이다.

∶ SNS를 적극 활용하자

요즘은 필자의 습성에 맞게끔 스피치 재료 또한 SNS를 통해 비축하고 있다. 약 5~6년 전부터 SNS 활동을 시작했는데 블로그와 트위터로 시작해서 현재는 페이스북에 많은 흥미를 가지게 됐다. 잠이 오지 않는 새벽이면 일상부터 창의적인 생각까지 다양한 글귀를 적어본다. 더불어 글에 달리는 댓글과 좋아요를 보는 것이 공감 정도의 지표가 되기 때문에 큰 도움이 된다. 물론 초창기에는 생각과 글을 타인과 공유하는 개념에 조금 낯설어하기도 했지만, 습관이 돼버린 지금은 일상의 한 조각이 돼버렸다.

그날 있었던 촬영 이야기, 강의 이야기, 실수, 사소한 일상을 통해 얻는 메시지 등등 그렇게 하루하루 '끄적임'을 쌓아가다 보니 요즘 칼럼이나 책을 쓰는 작업도 크게 어렵지가 않게 다가온다. 그리고 실제 효과는 써 놨던 글들을 한번씩 훑어보는 행위에서 일어난다. MC를 볼 때, 강의 때 문득문득 떠오르는 스피치 소재가 되어주니 정말로 고마울 따름이다.

이렇듯 굳이 빼곡하게 잘 정리된 메모를 하지 않더라도 블로그나 SNS에 일상과 생각의 '끄적임'를 적극 추천한다. 나만의 고유한 느낌이 풍기는 글은 스피치의 좋은 재료로써 손색이 없다. 문득 이 재료들은 말하기에 섞이면서 감칠맛을 내는 MSG와도 같은 존재가 되어줄 것이다.

  그 어떤 상황에서도 즉흥적인 스피치는 없다는 생각이 든다.
한 번씩 옮겨 적었거나 생각하고 느꼈던 영감, 준비된 지난 행
적이 말로써 실화가 되는 순간이기 때문이다. 요즘은 사실 언
제 어디서나 스마트폰 하나면 메모장도 따로 필요가 없다. 생각
을 적어두는 것, 메모가 돈 들이지 않고서도 여러분의 스피치를
그리고 나아가 삶을 한 단계 업그레이드 할 수 있는 방법이라면
당장 하고 싶지 않은가?

#메모의힘 #SNS끄적임 #스피치재료
#달변노하우 #스피치로인생역전

막말과 디스의 유혹

하루는 친한 동생이 정말로 재미있는 영상을 보는 듯 박장대소를 하고 있었다. "뭔데 그렇게 깔깔대면서 보는 거야? 나도 좀 보자!" 동생이 내게 스마트폰 화면을 보여주면서 언니도 곧 반하게 될 거라고 했다.

인터넷과 유튜브에서 개인방송을 하는 인기 BJ의 영상이었는데, 처음에는 '이게 뭐야!'하고 반응하다가 정말로 나도 모르게 계속 보게 되는 매력이 있었다. 그러나 이내 '이거 참 위험하다!'는 생각이 들면서 씁쓸했던 이유는 진행자가 온통 자극적인 내용과 언어들로 가득 채워진 방송을 하고 있었기 때문이다. 나도 모르게 그 자극에 노출되어 어느 순간 판단력을 잃는 느낌을 받았다.

최근에는 미디어 채널이 다양해진데다 특히 1인 방송이 인기를 끌고 있는 소통의 시대를 살고 있다. 연령대가 낮을수록 자기PR과 드러내기가 더 이상 쑥스럽지 않은 문화가 형성되고 있어서 가끔 나의 어린 시절과 비교를 하며 신기해하기도 한다.

하지만 문제는 뛰어난 자기표현과 과시의 남용으로 인한 부작용도 적지 않다는 사실이다. 말재주와 화술은 뛰어나지만 대책 없이 무분별하게 쏟아내는 일회용 멘트들에 때로는 누군가가 상처를 입기도 한다. 막말과 같은 언어폭력은 정신적인 고통과 피해를 주는 주범이 되지만 책임을 묻기도 힘든 상황이 부지기수이다. 그래서 더 심각성이 날로 커지는 상황이다.

방송에서는 출연자들이 종종 관심이나 인기를 얻기 위한 의도로 언어를 무분별하게 내뱉는 경우가 발생한다. 희희낙락하며 쏟아낸 말들이 어느새 폭력이 되어 시청자들을 자극하고 질타를 받게 되는 사건이 자주 등장한다.

한창 잘 나가는 방송인도 이내 방송에서 하차하거나 급기야 몇 년간 보이지 않게 되는 경우도 더러 있었다. 이것이 막말을 즐긴 대가라고 한다면 우리도 이를 통해 반면교사의 교훈을 얻을 필요가 있다.

자칭 '욕쟁이'라거나 그러한 콘셉트의 사람이 되는 것이 목표가 아니라면 '입 밖으로 나간 말은 다시 주워담을 수 없다'는 진리를 늘 잊지 말아야 할 것이다. 막말과 독설의 문제가 어제오늘의 일만은 아니다. 독설, 욕설, 저급한 단어, 여성비하, 남혐,

성희롱 등 수위도 제각각이고 발언으로 인해 작고 크게 인격과 명성을 실추한 사람이 너무나 많다.

수학에도 정석이 있듯이 스피치에도 정석이 있다. 바로 기본을 알고 기본을 지키며 말하기 실력을 늘리는 것. 효과적으로 스피치하는 방법을 익히는 사람이라면 누구든지 그 내용에 바른 내용을 담는 것이 일차적이다. 스피치는 혼자 하는 행위가 아니라 누군가에게 영향력을 미치는 행위이기 때문이다.

'이치에 맞는 말인가?'
'모두에게 공평한 내용인가?'
'오해를 살만한 내용이 아닌가?'
스피치는 상대를 생각하며 하는 것이 맞다. 권리와 감정을 침해하지 않고서도 얼마든지 나의 생각과 감정을 멋지게 전달할 수 있다는 사실을 잊지 말자.

막말과 디스의 숲에서 사는 요즘의 우리가 개선해야 할 부분은? 개성이나 유행이 기본을 앞지르지 않도록 하는 일이다!

#막말주의 #무모한개성은NO #기본에충실
#막말후하차 #부정적요소빼기

웃음에 목숨 거는 시대

"자기PR 시간을 잠시 가지고 난 뒤 스피치 코칭을 시작하도록 할게요! 누구부터 시작할까요?"

나는 한 달에 몇 차례씩 연예기획사로 출강을 가고 있다. 아이돌 가수 연습생과 신인들의 이미지와 스피치 코칭을 전문으로 진행하고 있기 때문이다. 코칭 첫 단계는 개개인의 특성과 스피치 장단점을 분석하는 일이다. 이를 위해서 자유로운 자기소개 스피치를 주문하고 관찰한다.

그야말로 엔터테인먼트를 본업으로 삼는 친구들이다 보니까 일반 학생들의 자기소개와는 사뭇 다를 수밖에 없다. 춤으로 오프닝을 시작하는 친구, 랩으로 소개를 시작하는 친구도 있고 주로 개인기를 사용하여 첫인상을 자아내는 식의 자기소개를 많이 하는 편이다. 그리고 나서는 서로 약속이나 한 듯이 피드백을 적극적으로 주고받는다.

"야~하나도 안 웃겼어!", "쫌 재미있는데?!", "오~~오늘 좀 하는데!" 하면서 주로 웃겼는지 안 웃겼는지를 기준 삼아 피드백을 하는 모습이 인상적이었다.

'뜨고 싶으면 예능에 나가라!' 요즘 들어서 특히 아이돌 가수 연습생들 사이에 이런 공식이 성립되는 분위기를 감지하고 있다. 왜 그런지를 생각해봤더니 노래와 춤으로써 실력을 선보이기에는 너무나 많은 신인들이 판을 치고 있고, 그 실력 차이 또한 크지 않기 때문에 스스로의 개성을 보여주고 캐릭터를 각인시키기에는 예능 만한 '판'이 없는 것이다.

예능감과 유머러스함이 각광을 받기 시작한 것이 최근의 일은 아니다. 예로부터 역사 속 인물, 유명한 위인들의 일화나 연설 내용을 보면 유머 한마디가 꼭 하나씩 들어가 있는 것을 발견할 수 있다. 그만큼 청중의 마음을 효과적으로 사로잡을 수 있고, 임기응변의 강력한 힘이 되기 때문이다.

꼭 개그맨처럼 웃겨야 할 필요는 없지만, 상대와의 심리적 거리를 좁히고 호감을 단숨에 얻고 싶다면 어느 정도의 유머 코드를 사용하는 것이 무기가 된다. 사람의 마음을 흔드는 설득이 일어나기 때문이다. 청자는 기본적으로 즐거움을 누리고 싶어 하며, 공감 가는 내용에 주로 반응을 한다. 각양각색의 프로그램 속에서도 높은 시청률을 등에 업고 각광을 받는 프로그램들이 주로 예능인 까닭이기도 하다.

그렇다면 일상 속에서 간단하게 유머감각을 기르는 방법은 없을까? 유머를 발휘할 때에는 항상 다수의 청중과 공감하고 소통할 수 있는 소재가 필수적이다. 소재가 엇나가는 경우에는 그저 가볍고 일명 '노잼'스러운 사람으로 비춰질 뿐이다. 따라서 평소에 대중성이 강한 미디어와 문화트렌드를 접하면서 소재를 차곡차곡 쌓아두는 것이 일차적 작업이다.

그리고는 상대방이 좋아하는 기호에 맞춰 통하는 소재를 꺼내 보이는 훈련을 해야 한다. 물론 유머라는 것이 소재만으로는 완성될 일이 아니지만, 적어도 웃으며 공감하고 소통하기에는 성공할 수 있을 것이다.

지금 당장 유머를 뽐내고 싶더라도 상대의 성향을 읽지 못했다면 다시 한번 고민하자. 지금은 그 말을 할 때가 아닐지도 모르니까!

#노잼주의 #청중분석이생명 #편안한유머
#대중적소재 #예능이대세

유행어, 놓치지 않을 거예요!

　어느 날 마을버스를 타고 약속 장소에 가고 있었다. 버스 안에서 울려 퍼지는 라디오 스팟 광고가 내 귀를 사로잡았다. "이거 실화임~?" 성우의 멘트에 웃음을 짓게 됐다. 굉장히 발 빠르게 최신 유행어 트렌드를 반영한 광고 멘트였기 때문이다. '이거 진짜야?'라는 뜻으로 그만큼 실속 있거나 놀랍다는 의미로써 한때는 레알(real을 콩글리쉬로 발음)이 인기 유행어로 쓰이다가 '실화'로 유행이 바뀌게 된 것이다.

　이와 함께 현재 집필 시점에서 가장 최근 돌풍을 일으킨 유행어로는 방송인 김생민씨의 '스튜핏'(불필요한 소비), '그뤠잇'(합리적인 소비)이 있다. 팟캐스트 방송에서부터 히트를 치기 시작하더니 삽시간에 지상파와 광고계로 퍼져나갔고 친구와의 일상에서도 '그뤠잇' '스튜핏'을 재미있게 주고받곤 한다. 너무나 접목하기가 좋은 까닭에 온갖 마케팅과 소비계에 '스튜핏'과 '그뤠잇' 문구가 넘쳐나기 시작했다. 물론, 추후 일어난 #미투운동으로 김생민씨가 큰 곤혹을 치르게 된 부분은 유행어나 그의 열정을 응원했던 많은 국민들에게 '스튜핏'한 실망을 안겼다.

이렇듯 하나의 유행어가 생겨나면 요즘은 너도나도 유행어를 익히고 써먹는데 열을 올리는 분위기다. 사실 유행어는 알아두면 굉장히 유용하게 쓰이기 때문이다.

어느 강연에 갔더니 강사님이 '알아두면 유용한 아재개그'를 소개해주셨고 강연 참가자 대부분이 이거 꼭 외워놔야겠다며 마치 학습을 하는 반응이었다. 실제로 유머가 유용하다는 것을 많은 사람들이 인지하고 있다는 증거다.

언젠가부터 '편경영', '건강유머' 등 유머에 대한 관심도가 급등했다. 그리고 그러한 유머를 아주 손쉽게 구사할 수 있는 방법 중 하나는 유행어를 차용하는 것이기 때문에 더 많은 이들이 블로거들이 정리한 리스트를 검색하고 뽑아서 공부하는 시대가 된 것이다. 유행하는 옷을 사서 입듯이 유행하는 언어를 쓰는 것은 감각적이면서 부지런한 이미지로도 느껴질 수 있으니 적극 사용을 추천한다.

나 역시도 마찬가지로 가끔은 행사 MC를 맡을 때마다 유행어의 양념을 살짝씩 뿌리곤 한다. 특히 청소년들이나 학생들이 많은 장소에서는 최대한 친근감을 발휘하기 위해서 그들만의 언어를 공부하곤 한다. 최근에 배운 유행어는 'ㅇㅈ? ㅇㅇㅈ!'이다. 자음만으로 이뤄진 이 외계어는 대체 무슨 뜻일까 궁금했다. 오버워치와 같은 게임에서 유저들이 사용해서 대세가 된 유행어의 하나인데 "인정? 응, 인정!"의 줄임말이다. 그래서 동의를 구하거나 확신을 하고 넘어가야 하는 순간에 "인정?"하고 미소를 지어보이면 어린 청중들은 "응 인정!"하면서 웃음보를 터트리곤 한다. 소통작전이 성공하는 순간이다. 별것 아닐 수도 있지만 이 한마디 소통이 가져오는 효과는 의외로 크다. 듣는 사람들에게 우선 친근감과 즐거움을 즉각적으로 선사하는 힘을 가졌기 때문에 나의 어떤 열 마디보다도 효율적인 역할을 한다. 자연스럽게 행사가 끝나는 순간까지 분위기를 리드하는 입장에서는 일종의 리더십이 생기게 된다.

써먹으려는 유행어는 한 시즌 지난 것이 아니라 바로 지금 유행하는 것이라야 한마디로 '잘 먹힌다.' 그야말로 유행에 뒤처지지 않아야 하는 것. 한번 써먹어 본 유행어에 많은 효과를 본 사람이라면 그 뒤부터는 아마도 탄력받은 모양새로 유행어 사용에 맛을 들이게 될 것이다.

단, 올바른 언어로 대화해야 하는 특정 상황에서는 지나치게 사용하지 않도록 유의를 해야 한다. 분위기를 바꾸려다가 분위기 파악 못 하는 사람으로 낙인이 찍힐 우려가 있기 때문이다. 이것은 오로지 본인이 가진 '센스'에 맡기도록 하겠다.

군이 애써 외우지 않아도 된다. 평소에 미디어 매체를 접하고 있는 사람이라면 이미 머릿속에 들어 있는 유행어가 한두 마디쯤은 있을 것이다. 나도 알고 있었다면 분명히 남들도 알고 있을법한 유행어. 용기를 내어 한마디 귀엽게 던져보자.

"이거 실화임?!", "가즈아~~!"

#분위기살리기 #대중성에관심 #센스가필요해
#한물간유머NO #유행어가즈아

최고의 소재는 '나야 나'

"와~ 이 영화는 스토리가 정말 탄탄해!"

"어떻게 이런 이야기를 만들 수가 있지?"

"이 작가는 천재인가 봐!"

누구나 한 번쯤은 인생영화 혹은 인생드라마쯤으로 간직하고 싶은 작품을 만난 적이 있을 것이다. '인생'이란 수식이 붙는다는 것은 그만큼 플롯의 전개가 '탄탄'하다는 사실의 방증이기도 하다.

스피치 또한 연출 이전에 탄탄한 전개의 작업을 반드시 거쳐야만 한다. 조금 귀찮지만 구조를 잘 짜는 일은 훈련이 중요하고, 또 발표의 실제를 통해 시행착오를 겪어보는 과정 속에서 실력이 일취월장하게 될 것이다.

스피치의 짜임을 생각할 때 더불어 고민해야 할 부분은 바로 '나만의 이야기'를 접목하는 일이다. 어떠한 이야기가 쓰이냐에 따라 그 효과 또한 천차만별이기 때문이다. 타인과 비슷한 주제와 구조를 가지고 있더라도 개인적 소재를 사용하게 되면 독창성을 부여함은 물론, 청중이 스피치에 금방 몰입하는 효과를 낼수도 있다. 즉, 최고로 좋은 소재는 바로 세상에 둘도 없는 '나'인 것이다.

"저같이 평범한 사람한테 무슨 이야기가 있겠어요?"

이런 질문도 많이 듣는 질문 중 하나다. 사실 나도 한때는 이력서든 자기소개든 내 이야기를 선사해야 하는 때마다 이런 푸념에 한숨을 쉬곤 했다. 좋은 글과 스피치를 위한 소재의 진리를 깨닫기 직전까지 말이다.

과연 아무 일도 일어나지 않는 삶은 존재하기나 할까? 작은 동물과 미물에게도 하루 24시간 동안 늘 다른 모습과 변화들이 존재한다. 남들이 다 만들 수 있는 김치볶음밥도 내가 만들면 나만의 집밥이 된다는 사실.

'아무 이야기가 없다'는 생각은 의지가 없거나 자존감이 낮다는 증거로밖에 볼 수 없다. 작든 크든 내 일상의 소소한 삶의 모습부터 사회에서 성취한 일들까지, 내 모든 삶의 모습을 사랑하는 자세가 우선 필요하다.

: '나'를 기록하는 습관

아무리 많은 경험을 했던 사람일지라도 기록 없이 스피치를 준비할 때가 되어서야 무작정 기억을 더듬기 시작하면 준비 작업이 더디어질 수밖에 없다. 자연스레 힘든 감정이 밀려오면서 스피치 준비가 어렵게 느껴지기도 한다. 따라서 평소 '이야기 수집 노트'를 만들 것을 추천한다. 수집 노트는 신문처럼 몇 가지로 섹션을 나눠두고 다양한 경험과 들은 이야기, 느낀점들을 메모하면 된다. 한 장 한 장 채워 나가다 보면 산해진미 요리재료들을 잔뜩 냉장고에 채워 넣은 셰프가 된 뿌듯함이 느껴질 것이다.

JTBC의 인기프로 〈냉장고를 부탁해〉를 보면서 나는 '요리 재료로 꽉 찬 냉장고가 스피치의 소재 노트랑 참 많이 닮아있네!'라는 생각을 했다. 셰프들이 환호하는 냉장고는 어떤 냉장고일까? 그들은 신선하면서도 다양한 재료를 가득 품은 냉장고를 보면 웃음꽃을 피운다. 계획한 요리와 궁합이 딱 맞는 재료가 들어있다면 그야말로 대박!

스피치를 걸작으로 요리하고 싶은 우리도 마찬가지로 수첩을 알차게 채워 나가보자. 나만의 이야기들을 잔뜩 채워 넣다 보면 언젠가 스피치를 할 때 정말로 기똥찬 보물이 될 테니까!

#내이야기가최고 #청중몰입 #평범해도GO
#자기애 #독창적스피치

청중을 유혹하는 '스토리'

　인지심리학이나 뇌과학과 연관된 딱딱한 스피치 이론을 듣고도 흥미로움에 빠져드는 사람이 있는가 하면, 듣다가 힘들어하는 사람이 있다. 나 또한 후자에 속하는 유형이라 너무 지나친 이론을 들으면 머리에 쥐가 나는 기분까지 든다. 바로 좌뇌와 우뇌 발달에 따라 좋아하는 스피치 영역이 다르기 때문이다.

　청중도 마찬가지이다. 이성을 주로 받아들이길 좋아하는 좌뇌 발달형 청중과 감성에 반응하는 우뇌 발달형 청중이 있기 때문에 화자에 대한 평가가 호불호로 엇갈리기도 한다. 그렇다면 성향이 서로 다른 청중들을 고르게 사로잡을 수 있는 방법으로는 무엇이 있을까? 궁금하지 않을 수가 없는 대목이다.

　좌뇌형 우뇌형 청중 모두를 사로잡을 무기는 바로 스토리텔링이다. "스토리텔링이 뭐지?" 스토리텔링이라는 용어가 낯설게 느껴질 수 있다. 간단하게 말해 말과 글에 이야기의 흐름을 넣어 구성하는 일을 말한다. 스토리텔링이라고 하는 서사구조 만들기 작업은 꼭 거창하게 작가들만 할 수 있는 것이 아니다. 우리가 늘 사용하는 스피치에도 이야기 형식의 흐름이 있어야 효과적이다.

"그래서 하고 싶은 말이 뭔데?" 하며 간략한 팩트 파악만을 원하는 이성적인 사람, "발표자는 인간적으로 너무 멋진 사람인 것 같아!"하며 전체적인 스피치의 감흥을 음미하는 사람까지… 이성적인 이해를 돕고 감성적인 설득을 부여하기 위한 방도로써 메시지 + 이야기의 조합은 모두에게 안성맞춤이다.

정말 이야기에는 신비한 힘이 있는 것일까? 나 또한 스피치를 할 때마다 매번 이야기의 힘을 느끼곤 한다. 어린이부터 노년층에 이르기까지 모두 이야기를 좋아하는 습성을 보이기 때문이다. 예를 들어 키즈스피치를 강의하러 가는 초등학교에서 중구난방으로 뛰어놀던 아이들에게 "얘들아, 선생님이 방탄소년단 만난 얘기 해줄게!"라고 하면 아이들은 너나 할 것 없이 모여 앉는다. 주부들이 주로 모이는 강의에서는 주로 남편 이야기를 나누며 함께 웃기도 하고, 대학생들과는 연애와 소개팅 이야기를 하며 분위기가 무르익는다. 간혹 노래교실 강사님들이 19금 이야기 리스트를 만들어 외우고 다니는 이유 또한 바로 주부들의 관심사나 특성을 고려한 맞춤형 이야기로 분위기를 화기애애한 모드로 만들기 위해서다.

더군다나 이야기의 힘은 기억을 낳는다는 면에서 더욱 크게 느껴진다. 뉴스는 한번 듣고 잊어버리지만 드라마의 한 장면은 오래 기억하는 이유도 바로 이야기이기 때문. 이야기는 정보나 핵심에 대한 상상을 유도함으로써 정서적으로나 이미지적인 형태로 기억에 저장되는 특징을 보인다. 이렇듯 강력한 이야기의 힘을 아는 화자라면 반드시 스토리텔링 기법을 사용해야겠다는 생각이 들 수밖에 없다.

더불어 나만의 이야기를 사용함으로써 나에 대한 호기심을 자극할 수 있다는 점은 자기PR시대에 있어 굉장히 큰 매력으로 작용한다. 당장 며칠 뒤 면접이 있다거나 프레젠테이션을 할 기회가 있다면 "제가 얼마 전 겪은 일입니다." 하며 주제와 관련된 적절한 경험을 접목시켜보자. 발표에 대한 몰입도가 확연히 달라지는 현상이 나타남에 이어 잔잔한 감동마저 느낄지도 모를 일이다.

#이야기의힘 #좌뇌우뇌동시저격 #스토리텔링
#나만의소재 #몰입UP

스토리가 스피치를 이긴다

2016년, 〈돈키우스〉라는 강연행사에서 60대의 여성 사업가 한 분을 알게 됐다. 세련된 용모에 밝은 표정, 그리고 카리스마를 겸비한 이미지의 CEO이셨다. 그런데 이 분께로부터 스피치 코칭을 의뢰받게 될 줄은 미처 몰랐다. 워낙 당당한 모습과 자태에 커뮤니케이션 능력 또한 뛰어나 보이셨기 때문이다.

다름 아니라 이분은 그간의 이야기와 사업 경험을 통해 강연을 준비하는 중이셨다. 그녀가 갖고 싶은 스피치 능력은 바로 '자연스럽게 소통하는 강의'였던 것.

스피치 코칭 과정은 일단 접어두고 자세히, 결론부터 이야기하자면 이분은 현재 『계단 닦는 CEO』 책의 저자가 되어 활발한 강연과 미디어 활동을 하고 계시는 임희성 대표이다. 그래서 배울 것이 너무나 많은 여성, 그리고 인생 선배로 삼으며 자주 소통을 나누고도 있다.

커다란 회사를 경영하며, 외모적으로도 완벽해 보이는 그녀에게도 의외의 아픔이 있었다. 간간이 강연 스피치 코칭을 드리면서 그 이야기를 직접 전해 들을 수가 있었는데, 가난했던 시절과 여성으로서 겪어야 했던 일들을 당당하게 극복해낸 스토리를 들으면서 나의 자세는 더욱 숙연해질 수밖에 없었다. '아, 이 분은 스피치를 이기는 스토리가 존재하는 분이구나!'라는 사실을 느낀 뒤로는 더 열심히 코칭에 임할 수밖에 없었고 말이다.

강연을 위한 커뮤니케이션 훈련의 노력, 곧이어 책을 완성하고 자신의 브랜딩에 성공한 그녀에게서 경외심을 느끼는 요즘은 어딜 가서나 '이야기는 스피치를 이긴다!'라고 자신 있게 말하고 있다. 말을 잘하는 사람은 많지만 남다른 이야기를 가지고 있거나 그 이야기를 잘 활용할 수 있는 사람은 적기 때문이다.

: 일상에서 느끼는 이야기의 힘

우리가 서사구조라고도 일컫는 이야기에 흥미를 보이는 조건으로는 두 가지가 있다. 첫째, 공감할만한 이야기가 등장했을 때, 둘째는 인과관계가 흥미진진하고 호기심을 끄는 것일 때다. 이야기를 커뮤니케이션에 직접 사용하기 전에 우선 이야기를 활용한 사례들을 살펴보면 좋은 공부가 된다.

국민과자로 불리는 오리온 초코파이 광고가 이야기 마케팅으로 연이어 화제를 일으킨 적이 있었다. 전면에 초코파이가 나오지 않고 초반부터 은은한 음악과 이야기가 나오면서 소비자의 감성을 한껏 자극한다.

"나는 열대의 태양이 두렵지 않습니다. 단 한 사람이라도 더 행복할 수 있다면 더 험한 길도 두렵지 않은 나는 초코파이입니다."

대사와도 같이 초코파이의 맛이나 모양을 거론하는 부분은 전혀 없다. 다만 초코파이에 담긴 '정'과 세계인이 나누는 과자라는 스토리의 가치를 부각시킬 뿐이다.

비슷한 모양과 맛의 초코파이가 여러 브랜드에서 출시되고 있지만 항상 굳건히 명성을 지키고 있는 데에는 우리의 기억과 마음을 지배하는 이야기의 힘이 존재하기 때문이다.

이야기 활용의 사례를 직접 느껴 본 뒤에는 스피치에 직접 적용하는 훈련을 시작하자. 그리고 이야기를 사용한 구조는 끊임없는 변형이 가능하기 때문에 마치 공작용 점토와도 같이 재미있게 느껴진다. 주요 소재는 나의 경험, 내가 본 것, 책에서 읽은 이야기, 타인의 이야기 등 다양한 곳에서 발굴해낼 수 있다. 소재는 어디서나 구할 수 있고, 누구나 이야기를 발굴하여 사용할 수 있지만 문제는 얼마나 궁합이 잘 맞는 소재를 사용하여 메시지를 전달하는가에 달려있다.

당장 청중으로부터 흥미를 끌고 싶은가? 그렇다면 직접 경험한 이야기로 스피치를 시작해보자. "바로 오늘 일어난 일입니다!", "제가 얼마 전 유럽여행에서 겪은 일을 이야기해 드리겠습니다.!" 정말 효과 만점의 극약처방이 될 것이다.

스피치의 '센스'를 늘려라

호흡으로 느낌 있게!

"숨은 쉬면서 말하니?"라는 나의 질문에 "저도 제발 숨 좀 쉬었으면 좋겠어요!"라고 대답하며 머리를 긁는 스피치 교육생들이 많다. 숨을 제대로 쉬지 않으니 목소리도 떨려오고 얼굴은 점점 더 달아오르는 증상까지 보인다. 게다가 빠르면 빠를수록, 떨면 떨수록 전달력이 떨어지고 나를 제대로 보여줄 수가 없는 것은 당연한 사실이다.

말이 빠른 사람들은 본래 타고난 성격이나 긴장감이 주된 원인인데, 특히 긴장감은 경험치가 높아질수록 줄어드는 효과를 보여준다. 따라서 계속해서 꾸준히 하려는 마음가짐이 무엇보다 중요하다.

더불어 '쉼'의 매력을 연출하는 감각을 길러야 한다. 음악이든 스피치든 순간의 정적은 더한 기대와 감동을 불러오게 마련. 숨을 '쉼'으로 인해서 스피치가 더욱 매력적으로 빛난다는 사실을 느껴보는 것이 중요하다. 긴장을 하게 되면 특히나 여유가 없어지기 때문에 문장이 끝나면 일부러 '1초, 2초'를 속으로 세며 코로 호흡한 뒤 말을 이어가는 훈련도 좋은 방법이다.

　이렇듯 스피치에 여유를 주는 훈련은 본인에게는 호흡의 찬스를, 듣는 사람에게는 내용을 좀 더 음미할 수 있는 찰나로 작용한다. 호흡을 하면서는 입꼬리를 이완하여 한껏 끌어올리는 미소 훈련을 해보자. 입꼬리를 이완하는 훈련 효과는 어마어마하다. 쉬는 순간을 매력으로 만들고, 긴장감으로 인한 경련이 일어나는 것을 미소가 꽉 붙잡아주기 때문이다.
　한편 쉬어가는 순간은 청자와 화자의 잠재의식이 서로 교류를 하게 되는 중요한 순간이 되기도 한다. 여유를 담은 미소로 감동이 배로 부풀어 오르는 순간을 연출해보자!

#호흡도스피치다 #숨쉬며말하기 #여유가주는감동
#쉼표가매력이다 #말이빠른이유

숨쉬기도 스피치라고?

대학 시절 나는 이상하게 발표만 하면 숨이 찼다. 늘 발표 중간쯤부터는 목소리가 줄어들거나 떨림음이 났다. 호흡을 하지 못하고 소리를 내다 보니 표정도 없고, 급기야 얼굴까지 울그락 불그락 달아오르기 시작했다. 숨을 언제 쉬어야 할지조차 모르고 힘겨워하는 나를 스스로 한심해 하곤 했다. 그런 나를 바라보던 친구도 "고운아, 너 숨은 쉬면서 말했어?"라며 웃곤 했다. 정말 괴로운 순간이지만 늘 뜯어고치고 싶은 순간이었다.

나중에 아나운서를 준비하면서 아카데미 수업을 들었을 때야 비로소 객관적으로 나의 문제점과 원인을 짚어볼 수 있었다. 나는 우선 호흡에 대한 개념이 없는 상태에서 말을 내뱉듯이 하고 있었고, 긴장을 했기 때문에 호흡을 하려는 여유조차 가지지 못했던 것.

모든 것이 마음에서부터 비롯된다는 말은 너무도 잘 알았지만 좀처럼 되지 않는 것이 발표 실력을 끌어올리는 일이었다. 그중에서도 호흡은 내가 넘지 못해서 안달인 난관이었다. 호흡은 1차적으로 나의 안정적인 발성과 전달력을 위해서도 필요하지만 듣는 사람을 위해서도 정말 필요한 대단한 기술이었다.

　목소리를 내지 않고 호흡하는 순간이 갖는 의미는 여러모로 크다. 잠깐 멈추게 되는 쉼의 길이가 가지는 효과에는 어떤 것들이 있을까? 우선 스피치의 속도를 조절해준다.

　쉬는 간격을 적절히 조절하게 되면 스피치의 전체 길이가 달라진다. 쉬는 포인트가 많아지면 스피치가 그만큼 늘어지기도 하고 보통보다 너무 짧아지면 발표자는 호흡이 급박해지며, 스스로 내용을 연상할 여유마저 잃게 되는 단점이 있다.

　청중의 입장에서는 호흡이 있는 경우, 안정감 있는 전달력으로 인해 발표자에 대한 신뢰와 호감을 갖게 되며, 내용 파악 또한 용이해진다. 듣는 이들도 콘텐츠나 아이디어를 받아들이는 여유를 가질 수 있기 때문에 특히 정보를 전달하는 스피치에서는 호흡을 하며 충분히 여유 있게 말해주는 것이 좋다.

　그렇다면 호흡을 취할 수 있는 적절한 스피치 포인트는 어느 지점일까? 바보같이 단어를 붙이지 않고 음절과 음절 사이에 호흡하는 사람은 거의 없을 것이다. 단어는 상식대로 붙여서 읽는 것이 정상이지만 단어와 단어 사이, 구와 구 사이, 절과 절 사이, 문장과 문장 사이, 그리고 스피치의 각 구성 요소들 사이에 서는 일정 시간 동안 쉬어주어야 한다. 일반적으로 단어와 단어 사이에서 쉬는 시간이 가장 짧아야 하고, 구성단위가 점점 커갈 수록 그들 사이에 쉬는 시간이 길어져야 하며, 서론과 본론, 그리고 본론과 결론 사이에는 쉬는 시간이 가장 길어야 한다.

다음 예문을 보면서 호흡의 길이 조절을 훈련해보자. 호흡 위치 표기는 자기 자신 특성에 맞게끔 나름의 스타일에 맞춰 하면 된다.

> 경험이 부족한 프레젠테이션 발표자들은 v "연습해 둔 것이 잘 생각나지 않으면 어떡하지?" v 또는 "표현이 제때 떠오르지 않으면 큰일인데." 하고 걱정한다. vv 그래서 스피치를 가능한 한 자세하게 준비한 다음 v 표현 하나하나를 암기해 두려고 노력한다. vv 스피치는 준비한 그대로 v 정확하게 발표해야 한다는 v 그릇된 믿음 때문에 벌어지는 일이다. vv 스피치는 v 준비를 필요로 하지만 v 준비한 것을 토대로 하여 v 현장에서 실행하는 것이다. vv 주제문과 세부내용 등 v 내용을 구성하는 본질만 빠지거나 바뀌지 않으면 된다.

#전달력기르기 #호흡도기술 #호흡으로피부진정
#보는내가긴장 #속도조절훈련

가성비 멘트 '질문'

내가 예전에 스피치 공부를 하면서 머릿속에 전구가 번쩍인 부분이 있었다. 바로 훌륭한 대답보다는 훌륭한 질문이 고수와 아마추어를 결정짓는 멘트라는 것. 장르는 제각각 다르지만 대부분의 소통은 질문이 이뤄진 다음 대답이 오는 형식으로 진행이 된다.

한 방향으로 움직이는 멘트는 전달이 목적인 설명의 성격을 띠고 있지만, 그 외에 소통이 이뤄지는 경우라면 프레젠테이션이든 토크쇼 방송이든지 간에 모두 질문과 대답 형식이 주된 방식이라는 것이다.

질문이 먼저냐 답이 먼저냐를 따져 봐도 질문이 먼저다. 질문을 잘한다는 것은 곧 소통을 잘 진행하고 이끌어내는 능력을 방증한다. 일단 질문을 청중에게 던지게 되면 꼭 말을 하지 않더라도 대다수는 머릿속으로 끊임없이 질문에 대한 답이나 그에 맞는 내용을 생각하게 된다. 신기하게도 무의식적으로 말이다. 그래서 일차적으로는 질문을 하는 것 자체가 스피치에 집중하게 만드는 힘을 가진다.

방송을 하는 상황이라면 두말하면 잔소리이고 교육이나 발표 같은, 여러 사람을 앞에 두고 설득이나 무언가에 대한 메시지를 전하는 상황이라면 답이 쉽고 명확한 질문을 하도록 하자. 그럼 상대는 자연스럽게 답을 말하게 되고, 그에 따른 당신의 리액션이 좋을수록 더욱 강의나 스피치에 집중하게 된다.

이렇듯 신중하게 선택된 질문은 바로바로 청중들의 즉각적인 반응을 불러일으키고 주의를 환기시킨다. 또한 나의 의사를 일방적으로 전달하기에 앞서 청중을 먼저 생각하고 반응하기 때문에 청중과의 장벽을 허물어 심리적 간격을 좁히는 친밀감의 효과까지 가져다준다.

다음으로 청중을 동원하는 효과를 가진다. 직간접적인 참여를 유도함으로써 청중과 함께 시작을 풀어나가는 방식이다. 주제에 대한 관심을 이끌어내기에도 제격이다. 직접적으로 화자가 "오늘 말씀드릴 주제는 바로…" 하면서 말해주기보다 퀴즈식질문이나 공감을 이끌어낼 수 있는 질문을 던지며 본론으로 이어나가는 방식이다.

교육생 중 일부는 "질문을 했는데 청중 가운데 아무도 답을 안 하면 뻘쭘해서 어떡해요?"라는 질문을 간혹 하셔서 같이 웃곤 했다. 응답을 하든 하지 않든 그것은 질문 화법의 궁극적인 목적이 아니라는 것을 알아두어야겠다. 청중이 스스로 생각하고 이미 참여하도록 만드는 데 목적이 있는 것이기 때문이다. 정말 상품을 걸고 퀴즈를 내는 상황이라면 말이 달라질 수 있겠지만 말이다.

또한 할 말이 생각나지 않을 때에도 질문은 상황 대응능력으로써 요긴하다. 우선 "여러분은 어떻게 생각하시는지 궁금합니다." "과연 무엇인 것 같으세요?"라고 질문을 한 뒤 시간을 버는 전략인 셈. 생각 외로 의견 개진이 일어나고 그 속에서 내가 원하던 답이나 해야 할 말들이 힌트로 쏟아진다. 능청스럽게 말을 이어나갈 수 있다면 당신은 이미 스피치의 고수라고 봐도 좋겠다.

그렇다면 질문을 던질 때에 유의해야 할 점은 무엇일까? 되도록 쉬운 내용을 질문하고 단순한 일반적 내용을 질문으로 만들어야 한다는 것이다. 모호성이 커버리면 내가 원하는 대답과 함께 원하는 분위기를 이끌어내기가 어렵다. 또한 "여러분은 지금 현 정부의 입시 제도에 대해 어떻게 생각하십니까?"라는 식으로 의견이 갈릴만한 질문을 해서는 안 되겠다. 이런 질문의 경우는 청중의 의견이 화자 자신과 다르게 나오는 경우가 발생하고 처음부터 반대인 분위기와 공존하며 스피치를 하게 되는 부담이 발생한다.

스피치와 연관이 되는 질문인지 아닌지에 대한 여부도 중요하다. 이왕이면 오늘의 스피치 주제와 연관이 되는 질문을 준비하고 농담까지도 계산된 내용으로 농담하는 것이 신의 한수이다. 주제에 대해 알아맞히고 그에 대한 설명으로 자연스럽게 넘어갈 수 있는 질문 기법을 애용해보자. 한마디 질문덕에 의외로 많은 효과를 경험하게 되는 일명 '가성비 멘트'가 되어줄 것이다.

#가성비멘트_질문 #쉬운내용 #주제에맞게질문
#계산된질문 #친밀감높이기

'강약중간약'의 묘미

'점점 빠르게' '점점 느리게' '세게' '약하게' 언제부터인가 음악적인 감각이 있는 사람일수록 스피치 감각 또한 좋을 것이라는 추측을 하게 됐다. 음악과 스피치가 여러 요소들에서 많이 닮아 있기도 하고, 코칭 강의를 하면서는 음악적인 청음 감각이 말하기와 상당 부분 연관이 있겠다는 생각이 들었기 때문이다.

생동감 있는 말하기를 위해서는 엑센트를 형성하는 요소인 억양, 목소리의 톤, 발성의 크기 등에 유의해야 하는데 이는 음악의 악곡을 연출하는 방법과도 너무나 흡사하다. 그래서일까 어린 시절 피아노 학원을 좀 다녀 본 사람일수록, 노래를 끝내주게 잘하는 사람일수록 스피치의 강조기법을 매력적으로 흡수하고 연출하는 데까지 걸리는 시간이 그리 길지가 않았다. 그만큼 듣는 귀가 열려 있고, 음을 듣고 흉내 내는 캐치(catch)력이 있어서인 것 같다.

그렇다고 해서 스피치를 위해 음악 청음 훈련을 꼭 해야 한다는 것은 아니다. 음악적 활동을 함께 해보는 것도 말하기 연출을 개발하는 데 좋은 도움이 될 테지만 '강-약-중간-약'을 나타내는 몇 가지 강조법을 훈련하는 것만으로도 프로 못지않은 스피치를 연출할 수 있다. 강조법을 익히기 전에 우선 본인의 연출 실력을 가늠을 해보자.

- 말소리 억양에 기복이 자주 일어나고 있는가?
- 문장의 요소에 따라 엑센트의 높낮이를 달리 하고 있는가?
- 아나운서, 방송인의 MC멘트를 비슷하게 흉내 낼 수 있는가?
- 중요하고 중요하지 않은 내용이 달리 연출되고 있는가?

: 기본 강조법 '셈 강조'

의미가 강조되어야 할 부분에서 세게 발성 파워를 높이는 강조, 동시에 억양의 경사를 높여주는 강조 기법이다. '이 수업은 내용이 귀에 쏙쏙 들어와!' 전달력이 좋은 스피치의 비결 중 한 가지, 셈 강조를 뚜렷하고 확실하게 주고 있기 때문이다. 중요한 핵심 포인트를 거론하는 부분에서는 '셈강조' 기법을 스피치에 녹여내고 있을 것이다. 아래 예문을 보면서 밑줄 친 부분을 셈 강조로써 연출해보자. 중요한 부분은 억양을 높이듯 강조하며 힘을 주면 되는데, 제시된 괄호 안 신호에 따라 훈련해보자.

"여러분, (뱃심)스피치의 생명은 무엇일까요? (뱃심)<u>꾸준한</u>
<u>훈련</u>이 정답입니다!"

"어제 친구와 (뱃심) <u>최고의 맛집</u>을 찾아가 (뱃심)<u>행복한</u>
<u>식사</u>를 만끽했습니다."

ː 극적인 연출 '여림 강조'

무조건 강하게만 말한다고 해서 강조가 되는 것이 아니다. 때
로는 내용에 따라 작은 소리로 톤을 낮추어서 말함으로써 그
의미가 증폭되어 강조가 되기도 한다. 톤을 살짝 낮추듯 내리면
더욱 극적이다. 여림 강조에 굉장히 능숙한 사람이라면 연기력
이 있다고 자부해도 좋겠다.

  - 지금 선택하지 않으면 (포즈)
    (톤을 낮춰 여리게)엄청난 기회를 잃어버리게 됩니다.
  - 고수는 (포즈)
    (톤을 낮춰 여리게) 프레젠테이션 전달에만 급급하지 않습니다.
  - 대한민국 컬링 선수들의 모습은 (포즈)
    (톤을 낮춰 여리게) 진한 감동을 줍니다.

꼼꼼한 전달 '속도 강조'

청중들이 잘 알고 있는 쉬운 부분이나 중요하지 않은 내용은 속도를 빠르게 하고, 어렵고 복잡한 내용을 강조할 때에 천천히 또박또박 속도를 늦춰서 강조하는 방법이다. 주로 설명 프레젠테이션과 같이 상황이나 사물을 정확하게 기술할 때 사용하면 효과적이다.

> – 발표를 할 때는 (천천히 또박또박)문어체가 아닌 (천천히 또박또박)구어체로 말해야 합니다.
> – 청중의 (천천히 또박또박)공감을 얻지 못 한다면 그 발표는 (천천히 또박또박)실패입니다.
> – 청중을 (천천히 또박또박)감동하게 만들려면 (천천히 또박또박)연출에 변화를 주십시오.

더불어 주로 감정을 자극할만한 요소로써 상태와 정도를 나타내는 어휘는 모음의 속도를 늘여보자. 아름다움, 고귀함, 심각함, 애틋함, 대단함 등을 모음 늘이기를 통해서 확실한 느낌을 전달할 수 있다.

> – 너의 앞머리가 너~~무 길어서 지저분해 보여
> – 고든램지의 식당은 정~~말로 요리를 잘해
> – 내가 들고 있던 풍선이 멀~~리 날아가 버렸어

: 궁금증 폭발 '쉼 강조'

중요한 단어, 강조하고 싶은 내용 앞에서 잠깐의 포즈를 두는 강조 방법을 사용하면 궁금증을 잔뜩 자아낼 수 있다. 잠깐 말을 멈추는 찰나의 순간, 청중은 다음에 이어질 말을 기대하며 발표자의 말에 더 귀를 기울이게 된다.

이러한 강조는 우리가 프로그램 〈도전 골든벨〉에서 정답을 말해주기 직전에도 많이 접해본 유형이다. 〈슈퍼스타K〉에서는 김성주 아나운서가 유행시킨 "60초 후에 공개합니다!" 멘트 직전에 뜸을 잔뜩 들이며 포즈 강조의 묘미를 보여주기도 했다.

- 여러분, 잘 웃고 싶으십니까? /// 그렇다면 연습하십시오.
- 새로운 학습은 몸으로 익히는 것과 /// 머리로 익히는 것이 따로 있습니다.
- 프레젠테이션의 기획이 다르면 /// 설득력이 달라집니다.

우리가 익히 알고 있는 유명 MC와 스피치의 고수들 역시 모두 이러한 강조들을 사용하며 청중의 마음을 사로잡고 있다. 생생한 말하기, 쫄깃한 말하기, 매력적으로 말하기… 어떠한 유형이더라도 공통적인 부분은 바로 '강조'라는 사실을 잘 알아두도록 하자.

#강조법훈련 #말의강조 #생생한말하기
#엑센트가중요 #쉬는것도강조법

첫인상의 비결 '비언어'

한 취업포털에서 인사담당자 대상으로 조사한 설문 결과를 보면 1차 면접에서 면접관이 면접자의 첫인상을 고려하는 비율이 무려 86%라고 한다. 설문뿐만 아니라 학술계에서도 이러한 내용이 증명된 바 있다. 미국의 저명한 심리학자 엘버트메라비언의 법칙에 의하면, 커뮤니케이션을 주고받을 때에 시각적 영역이 무려 55% 영향력을 차지했다. 나머지는 청각 38%, 언어의 내용 7% 순으로 나타났다.

이러한 설문과 연구결과를 보더라도 면접에 임하는 우리가 무엇을 가장 먼저 고려해야 하는지는 정확하게 답이 나온다. 바로 첫인상을 단정 짓는 단정한 외양과 호감 가는 매너 등 시각적인 부문이다.

사실 내가 스피치를 처음 공부하던 때에 접했던 이러한 사실은 너무나도 놀라운 대목이었다. 스스로 말하기 훈련에 대한 관점이 온통 언어에 맞춰져 있었기 때문이다. 이론을 알고 나서야 비로소 시각적인 효과에 좀 더 신경을 기울이고 훈련을 거듭할 수 있었다. 직접 훈련과 교정을 거친 뒤부터는 비언어의 변화가 타인으로 하여금 더욱 강하게 감지된다는 사실도 깨달았다. 지금은 스피치 강의나 코칭에서 가장 많이 강조하는 부분이 됐고 말이다.

이 책에서는 면접, 소개팅 등 첫만남을 위한 비언어 전략으로서 크게 3가지를 제안하고 싶다. 시선, 표정, 태도 부분에 유의해서 훈련하면 굉장히 효과적이다. 옷차림과 스타일링은 타인의 도움을 받아서라도 금방 변화할 수 있는 부분이지만, 본능이나 성격이 배어나오기 마련인 비언어 부문은 좀처럼 쉽게 고쳐지거나 연출되는 부분이 아니다. 따라서 연습 시간과 노력의 투자는 필수사항이다.

: 시선과 고개는 하나의 축으로!

시선을 주는 방법은 책의 앞부분에서도 다룬 바 있지만, 첫인상 이미지를 결정하는 데에 시선은 정말로 큰 역할을 한다. 간혹 연예인이나 스포츠선수와 같이 유명인 가운데 곁눈질이 기자로 하여금 포착되는 경우가 있다. 본인의 의도와는 상관없이 '눈동자 굴러가는 소리 들릴 것 같은 곁눈질'이라는 타이틀로 기사가 나가고야 만다. '입장을 바꿔보니 참 연예인들은 억울할 때가 많겠구나!'라는 생각이 든다.

우리도 마찬가지로 중요한 순간 눈동자의 흐름이 한쪽으로 쏠릴 경우, 잘 못 보면 한마디로 '째려본다'는 느낌을 줄 수 있고 자신 없거나 거짓말을 한다는 의미를 남길 수 있어 유의해야 한다. 자신이 없을 때나 생각을 할 때에도 시선은 항상 면접관이나 상대방을 향하는 것이 바람직하다. 45도 천장이나 땅으로 향하는 나의 시선을 늘 바르게 잡으려는 의식을 가지자.

눈동자의 흐름은 반드시 고개의 흐름과 함께 가도록 훈련하자. 이때 '축'으로 움직이는 것을 염두에 두면 쉽게 의식할 수 있다. 스피치를 훈련하면서 늘 시선처리는 고개처리와 함께, 이왕이면 상체를 함께 틀어주면 반듯하다는 사실을 염두에 두자.

: 기본 표정은 '상승형'으로

긍정을 나타내는 표정이란 어떤 표정을 말하는 것일까? 항상 언제 어디서나 무작정 미소를 지어야 하는 것은 결코 아니다. 다만 표정 짓는 법을 지속적으로 익히고 잘 관리할 수 있는 스스로의 제어 능력이 필요하다.

한국인들은 다수가 아래로 쳐진 입꼬리 모양을 가지고 있다고 하는데, 나만 하더라도 어린 시절 다소 시무룩해보일 만큼의 입모양이 일상적이었다. 하지만 노력한 끝에 입 매무새가 야무지고 꼬리가 상승형으로 좀 더 올라가게 됐다. 어디까지나 입 주변 근육들은 입꼬리를 끌어당기기 위해서 존재한다고 한다.

면접자의 스마트한 인상은 입 매무새에서도 비롯되기 마련이다. "음?", "으흠?" 하면서 입꼬리를 당기며 긍정형 입 매무새를 만들어보자. 눈썹은 올라가고 눈이 동그랗게 커지는 효과까지 생겨나서 셀카를 찍을 때도 응용하면 안성맞춤! 미소를 짓지 않더라도 기본적으로 가져야 할 호감 가는 표정은 긍정형, 상승형이라는 것을 알아두자.

: 몸의 중심은 정 중앙으로

'삐딱하다'는 느낌은 사람의 겉모양에서 나타나는 몸의 중심으로 말미암아 판단돼버린다. 몸의 중심이 한쪽으로 쏠리게 되면 소위 말하는 '짝다리'가 되기 때문에 유의하자. 면접장에 입장하는 순간부터 걸음걸이는 물론, 몸의 중심에 특히 신경 써야 하는데, 중심이 가운데로 오지 않으면 고개가 한쪽으로 기울어지거나 한쪽 다리에 무게를 실어 서있을 수 있기 때문에 조심해야 한다.

특히 여성은 긴머리를 하고 있는 경우가 많아서 머리를 쓸어 올리는 버릇이나 무의식적으로 고개가 기울 수 있다. 그렇기 때문에 반듯한 태도를 위해서 포니테일 형태로 단정하게 묶는 것이 도움이 되고 보기에도 깔끔하다.

면접의 평가는 면접관이 있는 곳뿐만 아니라 그 기업에 들어서는 순간부터라고 봐도 좋다. 복도나 대기실에 앉아있을 때에도 기업 곳곳에서 나를 판단하는 시선들이 존재함을 명심하자. 이를 위해 평소 몸의 중심을 중앙으로 두고 반듯하게 움직이려는 모습을 갖도록 노력하자.

#호감의비결_비언어 #메라비언의법칙 #보이는게반이상
#상승형표정 #몸의중심_정중앙

감정표현, 말투부터 고치자

　애플의 시리, 삼성의 빅스비, 혹은 알파고도 해낼 수 없는 일이 하나 있다. 바로 다름 아닌 '감성스피치'다. 본연의 고유한 감성을 언어와 비언어로써 녹여내어 상대방과 교감하는 작업이야말로 오로지 인간만이 해낼 수 있는 부분이기 때문이다.

　카카오톡과 같은 스마트폰 SNS를 사용하면서도 매번 부족한 표현을 이모티콘으로 보완하고 있지 않은가? 실제 소통에서도 마찬가지로 효과적인 내용 전달을 위해 반드시 감정 표현을 풍부하게 드러낼 수 있어야 한다. 감정을 나타내는 스피치 기법의 요소는 보이스, 강조, 억양, 표정 등을 들 수 있다. 그런데 몇몇 분들을 제외하고 대부분의 교육생들은 "내용에 신경을 쓰면 손짓이나 표정, 시선처리에 대한 신경은 뇌에서 어느새 사라져버려요!" 하면서 스피치에 표정까지 더하고 제스처를 하는 등 시각언어를 곁들이는 일의 어려움을 토로하곤 한다.

그래서 우선은 청각적 요소들에 초점을 두고 감정 훈련을 시작하면 더욱 빠른 변화가 가능하다. 이때는 감정을 극적으로 드러내는 말투, 문장의 끝을 나타내는 억양 연출이 굉장히 중요하다. 상대방과 상황을 고려한 맞춤형 억양을 사용하면 완벽한 소통을 느껴볼 수 있을 것이다.

내용에 따라 억양을 풍부하게 연출하는 과정이 제법 감각을 필요로 하는 부문이긴 하지만, 그렇다고 해서 우리가 배우들의 연출 수준으로 훈련할 필요는 없다. 태생이 경상도에 무뚝뚝한 남성이더라도 괜찮다. "너 지금 발연기 하니?" 라는 말은 들을지언정 로봇처럼 감정이 느껴지지 않는 수준만 탈피하면 그것으로 충분하다. 혹은 말의 내용에 따라 각기 다른 느낌만 줄 수만 있으면 된다.

사실, 가장 멋지고 아름다운 감정 부여하기 방법은 '열정과 진정성'을 가지는 것이다. 엄마한테는 떽떽거리듯 말대꾸하다가도 여자 친구 옆에 가서는 눈빛이 달라지고 말투가 나긋해지는 오빠처럼 말이다.

아무래도 우리나라 사람들은 감정의 절제가 더 익숙하고, 리액션이 굉장히 큰 영어권 나라에 비해 표현의 정도가 약하다. 그래서인지 마음과 달리 표현이 제대로 전달되지 않는 사람이 의외로 많다. 하지만 "훈련해서 안 되는 것은 없다"는 마크 트웨인의 말처럼 억양 역시 훈련하면 얼마든지 교정이 가능하다.

이제는 표현력이 좋아야 살아남는 시대! 더더욱 꾸준한 연출 훈련과 감각 기르기는 꼭 필요하다. 책에 담긴 보이스, 강조, 억양 기법들을 섭렵하고 감성 소통의 달인이 되어보자!

스피치그램

마음을 훔치는 도둑 '억양'

목소리 변화, 그러니까 목소리 크기와 톤의 변화는 있지만 억양이 로봇처럼 일정하다고 생각해보라. 한때 TVN 인기 예능이었던 '롤러코스터'라는 프로그램에서는 일부러 성우가 마치 다리미로 다린 듯 평평한 억양을 구사해서 시청자로 하여금 웃음을 자아내도록 하기도 했으니, 결국 매력적이지 않을뿐더러 우스꽝스러운 스피치가 돼버리는 셈이다.

TV프로그램 장르로 예를 들어 감정 표현 정도를 생각해보면, 우선 감정이 가장 배제되는 뉴스프로그램의 억양이 가장 기복이 적고 단조롭다. 그리고 교양, 예능 순으로 억양의 스펙트럼은 굉장히 커진다.

억양의 변화가 있어야만 분노, 슬픔, 진중함, 사랑, 상냥함, 도도함 등 다양한 감정과 어감의 표현은 비로소 가능해진다. 일상 속에서의 대화뿐만 아니라 비즈니스 프레젠테이션에서도 마찬가지다. 적절한 억양의 연출이 가미되었을 때에 비로소 나의 긍정과 열정을 효과적으로, 설득력 있으면서도 호감이 가도록 전달할 수 있다.

또한 평소 자신의 사투리 억양이 고민인 지방에 거주하는 분들도 책에서 제시하는 여러 가지 억양을 구사해보며 감정기법, 세련되면서도 감각적인 억양을 찾아가는 흥미로움을 느껴보면 좋겠다.

：지성미 넘치는 그의 '포물선 억양'

주로 아나운서, 앵커들이 구사하는 포물선 억양은 마치 공을 던지듯이 말을 힘차게 뱉으면서 어미 처리를 자연스레 내려주는 억양이다. 감성보다는 지식을 드러내며 설명해야 하는 스피치나 이성적인 말이 필요한 토론에서 사용하면 잘 어울릴만한 어투다. 예문을 아나운서가 된 느낌으로 설명하듯 스피치 해 보자. 포물선이라고 해서 모든 문장 요소들을 일정하게 처리할 필요는 없다. 스피치의 이미지, 뉘앙스를 좌우하는 마지막 구문 억양에서 제시된 포물선 곡선을 따라 훈련하면 된다.

> 홍보 직무에서 필요한 역량은
> 첫째로, 정보 수집 능력과 분석력입니다.
> 기업 PR을 위해 필요한 정보를 수집하고 목적에 맞게 활용해야 합니다.

둘째, 커뮤니케이션 능력이 있어야 합니다.

일방적인 전달이 아니라, 설득력 있고 전략적인 메시지를

전달해야 합니다.

억양 훈련 Tip ✏

- 마치 큰 곡선을 상상하며 눈앞에 그리듯이 소리 내 말하며 훈련해 본다. 첫 음절에서는 뱃심을 주고 복식 발성을 가미하며 훈련한다.
- 어미처리에서 '습니다, 합니다~' 부분 입모양이 작아지지 않도록 확실하게! 말끝이 흐려지지 않도록 발성과 발음에 유의한다.

⠃ **상냥한 그녀의 '파도 억양'**

비단 서비스직에 종사하는 직업인뿐만 아니라, 우리에게도 반드시 탑재되면 좋을 억양 기법이 바로 S곡선형 억양이다. 내용에 따라 힘찬 말투와 당찬 카리스마가 필요하다가도 때로는 겸손, 완곡한 자세를 표현하고 상대방을 배려하는 듯 느낌을 주는 어투도 마찬가지로 필요하다. 이러한 감정 표현들을 적절한 억양으로써 다양하게 구사할 수 있다면 비로소 멋진 발표자와 소통가가 된 셈이다.

상냥한 어미처리에서는 속도감을 늦추고 톤을 약간 내리는 것이 포인트. 안정된 속도감과 안정감 있는 톤으로써 신뢰감과 호감을 줄 수 있는 억양법이다. 마치 눈앞에 있는 어린아이나 어르신에게 친절한 설명을 한다는 느낌으로 훈련해보자.

승객여러분,

이 비행기는 인천국제공항까지 가는 K항공 101편입니다.

가지고 계신 탑승권을 다시 한번 확인하여 주시기 바랍니다.

또한 짐을 넣으실 때에는 선반 속의 물건이 떨어지지 않도
록 주의해주십시오.

감사합니다.

곡선억양 Tip 🖊

유의해야 할 것은 이러한 표현을 할 때 축 축 늘어지는 느낌이 돼선
안 된다는 것이다. 오히려 답답해 보일 수도 있으므로 내용의 중요
도에 따라 속도감, 톤을 달리하여 구사하는 화법이 매력적이다.

: 비타민 광고모델의 '상승형 억양'

당장 긍정적이고 밝은 면모를 드러내야 할 때에는 그에 걸맞
은 상승형 억양 연출을 사용해보자. 속도감은 너무 빠르지 않으
면서도 경쾌한 템포, 어미처리는 상승형으로 표현해주면 된다.
상승형 억양 훈련을 하며 이미지트레이닝으로서 떠올릴 사람들
은 배우 한예슬, 예능 MC 유재석, 광고 속의 수지나 혜리를 떠
올려도 효과적이다. 훈련할 때에는 무조건 어미에서 상승형 처
리를 해야 하는 것은 아니다. 상승형 어미를 조사와 어미에 간
간이 가미하는 것이 자연스럽다는 사실도 참고하자.

마찬가지로 첫 음절이 시작될 때에는 뱃심을 섞어 힘 있게 처리하며 어미처리에서 '습니다, 합니다~' 부분 입모양이 작아지지 않도록 확실하게! 말끝이 흐려지지 않도록 발성 발음에 유의해야 또렷한 이미지와 느낌 전달이 가능하다.

신입사원 면접자라면 너무 딱딱하고 사무적으로 보이는 이미지보다는 요즘은 젊고 역동적인 신입사원에 걸맞은 개성 있는 이미지를 선호하는 경우가 많다. 특히 벤처기업이나 디자인, 패션 계열과 같은 업종을 지망하는 경우 상승형의 에너지 넘치는 억양을 가미하면 스피치 내용에 생동감이 부여된다. 이러한 생동감은 방송에서 리포터의 느낌과도 비슷하다. 방송 리포팅 멘트를 가지고 연습하는 것도 좋은 방법이다. 이때는 제스처와 표정을 곁들여야 제대로 된 생기가 연출될 수 있다.

안녕하세요? 다섯시 내고향 ○○○입니다.
저는 지역 축제가 한창인 경북 포항을 찾았습니다.
바로 과메기인데요. 여러분, 과메기 혹시 드셔보셨나요?
건강에도 미용에도 그저 그만인 과메기!
지금부터 그 현장을 저와 함께 살펴보시죠!

#억양의변화 #매력적인억양 #지성미_포물선억양
#상냥함_파도억양 #상큼함_상승억양

'진지체' 탈피하기

    어느 날 한 통의 이메일이 도착했다. 방송인이 되고 싶은 지망생 지은씨가 사전에 교육 의뢰를 위해 내게 직접 이메일을 보낸 것이었다. 지은씨를 직접 보지 못해서 무척 궁금했는데, 스물두 살의 어린 나이에 비해 글에서 느껴지는 말투는 굉장히 정중한 느낌이었다.

    "안녕하세요? 선생님! 저는 22살 대학생 박지은입니다. 저는 아나운서나 리포터와 같은 방송인을 꿈꾸고 있습니다. 많은 책들을 읽기도 했고, 아나운서 동영상을 보며 연습을 하기도 했습니다. 그런데 아무리 혼자 훈련을 해보려고 해도 어디서부터 시작을 해야 할지 막막합니다. 기본기도 잡혀있지 않아서 더욱 그런 것 같습니다. 선생님께 개인 코칭을 받으려고 문의드립니다. 먼저 제 실력에 대한 상담을 우선 받고 싶습니다."

글에서 느껴지는 말투가 너무 정중했기 때문에 실제 성격 또한 차분하고 조용할 것만 같았던 나의 예상은 보기 좋게 빗나갔다. 상담을 하러 온 그녀는 노랗게 탈색한 헤어스타일과 아주 톡톡 튀고 농담을 잘하며 나이에 맞는 생기발랄함이 묻어나는 여학생이었던 것.

글과 실제의 이미지가 다를 수 있다는 것이 정말 놀라웠는데, 대화 이미지와 스피치 이미지가 다르다는 것은 또 다른 흥미로 다가왔다.

"~습니다 ~합니다" 일색의 어미처리가 코치로서의 내 신경을 건드리기 시작했다. 약간은 뻣뻣하고 굳어 있는 군인식 말투 같기도 해서 "지은씨, 원래 이런 이미지로 발표했어요? 긴장해서 그런 걸까요?" 라고 묻자 "저는 이상하게 발표만 하면 긴장도와는 상관없이 이런 말투가 나오고 몸이 굳는 것 같아요."라고 해서 귀여운 느낌에 큰 미소를 짓고야 말았다.

그 뒤부터 지은씨와 나는 말의 끝자리 훈련을 집중적으로 반복했다. 습관적으로 발표를 할 때마다 "~습니다, ~습니다"를 뱉는 지은씨에게 "~했는데요, ~~했죠" 하고 대꾸하듯 말하며 코칭을 해주는 식이었다. 남들이 보면 마치 걸음마를 가르치거나 젓가락질을 처음 알려주는 열정적인 엄마의 모습으로 보였을지도 모르겠다.

발표는 자고로 실제의 대화할 때의 느낌에서 크게 벗어나지 않게 연출하는 것이 좋다. 자신의 느낌과 매력을 살리는 선에서 말소리의 크기와 강조를 조절하는 형식으로 훈련을 해야 듣는 사람들의 입장에서도 편안하고 자연스럽다.

평소 스피치가 딱딱하다는 피드백을 받는 사람들이라면 자신의 어투를 먼저 점검해보자. "습니다", "합니다"가 이어지지 않는지 말이다. "~요", "~죠"와 같은 어미를 중간중간 섞어서 말해야 자연스럽고 편안하다. 반면 "~했는데요~", "~그랬는데요" 하며 해요체만 사용하는 경우는 본의 아니게 어린 느낌이나 가벼운 이미지를 선사하고야 만다. "다, 까, 죠, 요"로 기억하고 이 네 가지를 적절히 섞는 연습을 취해보자.

편안하고 매력적인 스피치를 하기 위해서는 내용이 끝나는 자리가 매우 중요하다. 격식 있는 "~합니다"를 쓰다가도 다음 끝자리에서는 "~했는데요"를 넣어 부드러움을 추구하면 좋다. 그래야 듣기에도 좋고 발표자의 이미지가 보다 호감이 될 수 있다. 어미처리의 종류가 그리 많지 않다는 것은 실제로 구사해보면 알게 된다.

항간에 유행했던 드라마 〈태양의 후예〉 송중기 말투와 같이 "그랬지 말입니다", "했지 말입니다"와 특수한 말투가 아니라면 대개는 "했는데요", "했습니다", "했죠"로 마무리된다. 한편으론 너무 딱딱한 스피치가 되거나 너무 가벼운 느낌의 스피치가 되는 이유로 목소리 톤이나 내용이 문제가 될 수도 있다. 그것이 아니라면 말의 끝자리가 문제인 것은 아닌지 한번 녹음이나 녹화를 하며 관찰해보자.

살아 꿈틀대는 말하기

나는 사실 마이크를 잡고 무대에 서는 일도 영광으로 생각하지만, 스피치 고수들을 분석하는 작업을 더욱 즐기는 편이다. 분석을 통해 알게 되는 새로운 사실들은 스피치 책과 대조하며 이론을 탐색해보기도 하고, 책에서 미처 알지 못했던 노하우들은 잘 정리해서 강의에 녹여내기도 한다.

그렇다면 고수들이 좋아하고 즐겨 사용하는 스피치 기법에는 어떤 것들이 있을까? 그중에서도 내가 생각하기에 굉장히 유용한 기법은 바로 비유 기법이다. 익숙하지 않은 대상을 모두가 알 법한 사물에 빗대어 신선하게 표현하는 방식. 이들은 주로 상투적인 표현을 피하고 자신의 독창성이 빛나도록 신선한 비유를 사용하여 감동을 자아낸다.

비유는 발표 내용에 굉장한 흥미를 불러일으키기도 하고 때로는 공감을 조성하기도 하기 때문에 스피치의 백미를 만드는 최적의 아이템으로써 손색이 없다. 스티브 잡스도 마찬가지로 구체적이고 생활과 밀접하며 상황에 맞는 비유를 사용하며 말하곤 했다. 예를 들어 스티브 잡스는 기술적인 내용을 모르는 사람들에게 12기가바이트가 얼마나 큰 용량인지를 이해시키고 싶었다. 그래서 '샌디스크는 개미가 줄지어 지구를 두 바퀴나 돌아야 하는 만큼의 용량이다.'라는 식의 설명으로 몸으로 와 닿을 수 있는 표현을 사용해 감탄을 자아냈다.

막상 신선한 비유 기법이 어렵다고 느껴진다면 우리에게 익숙한 비유 표현들을 많이 구사하면서 비유에 익숙해지려고 노력하는 것이 좋다. '유유빛깔처럼 뽀얀 피부', '고목나무 같이 거친 어머니의 손'처럼 '~처럼'과 '~같이'라는 표현들을 자주 즐겨 사용하는 것만으로도 실력은 쑥쑥 자란다.

더불어 비유를 잘하기 위해서는 그것과 본래 대상이 가지는 공통적 속성에 주목하는 생각 훈련이 필요하다. 예를 들면 '전쟁을 방불케 하는 치열한 경쟁'이라는 문장에서 '경쟁'과 '전쟁'의 속성은 서로 빗대기에 적합하다는 사실을 사전에 알고 있어야 한다. 속성과 속성이 잘 맞아떨어져야 청중은 그 말의 뜻을 헤아리기 위해 특별한 노력을 기울일 필요가 없게 된다.

때로는 잘못된 비유가 인신공격이 되는 수도 있다. 내가 아이돌 연인들의 코칭을 갈 때마다 특히 중요하게 강조하는 부분이 기도 한데, 예능감이랍시고 상대방의 신체나 외모, 직업, 경제적 상황 등을 비유 기법을 통해서 이야기를 하는 것은 너무나 위험한 일이 된다. 모 정치인이 연탄 봉사활동을 하러 온 흑인에게 "너 얼굴 연탄 닮았다"라는 발언으로 큰 구설수에 오른 적이 있다. 그리고 재미로 한 말이 시청자에게는 불쾌한 말로 느껴져서 본의 아니게 곤욕을 치르는 경우도 많다.

따라서 비유 기법을 쓸 때는 속성과 속성이 맞아떨어져야 하는 것도 요건이지만 이왕이면 플러스적인 의미를 가져야 하겠다. 긍정적인 의미를 가진 대상에 비유하는 것이 굉장히 안정적이고 상대방에게도 좋은 웃음으로 다가갈 수 있기 때문이다.

청중의 흥미를 돋우고 스피치를 더욱 맛깔나게 만드는 방법을 고민했다면 앞으로는 비유를 즐겨보자. 내가 전달하고자 하는 내용을 보다 쉽고 재미있게 전달하는 일이야말로 살아 숨쉬는 스피치를 하는 방법이 될 테니까 말이다.

#살아숨쉬는말 #비유기법 #고수익스피치
#속성과속성 #긍정적비유

"따옴표"의 매직

　하루는 강연에 쓰일 사례 영상을 찾다가 개그맨 김영철씨가 강연을 했던 방송을 보게 됐다. 자료를 찾던 나는 돌연 시청자 모드가 돼서 한참을 내용 속에 빠져들었다. 김영철씨가 풀어내는 외국인 아주머니와의 재미난 에피소드는 너무나 생생해서 깔깔 웃음을 뱉을 수밖에 없었다. 그리고 에피소드를 열연한 다음에는 "스토리텔러가 돼라!" 하나의 메시지를 강조했는데, 몰입을 했던 터라 그 뜻이 더욱 깊이 와 닿을 수밖에 없었다.

　청중에게 메시지를 전하며 흥미를 돋우는 기법 중의 하나는 그 현장을 직접 연극 하듯이 다가가 따옴표 안의 말로써 연출하는 기법이다. 그만큼 연기력이 좀 있어야 하는 기법이기도 하지만, 어느 정도 말하듯이 상황을 극화하면 단순한 이야기도 흥미롭게 들리는 마법이 발휘된다. 커뮤니케이션 이론상으로는

'대화 실연 기법'으로도 불리는데 어떤 상황에 전개 과정을 제3자의 입장에서 해설하는 것이 아니라 자신이 그 이야기 속의 주인공처럼 실제 대화 내용을 실연하는 방법이다.

> (1)선생님께서 부르시길래 달려갔더니 나더러 머리를 좀 더 단정하고 예쁘게 묶으라는 것이었다. 그래서 나는 그러겠다며 성의 없게 대답하고선 내빼듯이 나왔다.

> (2)"고우니? 나 좀 잠깐 보자!" 선생님께서 잠깐 와 보라며 말씀하시기에 "네…… 선생님~" 하고 기어들어가는 목소리로 대답하고 선생님 앞으로 갔습니다.
> "야! 이 녀석아 머리 꼬라지가 이게 뭐냐! 공부를 못 하면 깔끔하기라도 해야지! 의그으~~"하고 꾸짖으시기에 "네에~"하고 퉁명스런 목소리로 대답하고 얼른 나와 버렸습니다.

예문을 읽으면 느껴지겠지만 분명 실제 대화처럼 연기한 2번으로 스피치 하는 것이 더욱 흥미도와 집중도 면에서 만점이다.

이렇게 극화시키는 것 외에 의인화를 시키는 방법도 굉장히 생생하고 재미난 스피치 기법이 된다. 학창시절 국어시간에 배웠듯이 사람이 아닌 동물이나 식물 또는 물건의 모습이나 행위를 마치 사람의 모습이나 사람의 행위인 양 묘사하는 방법이다.

> 한참 자고 있는데 자명종이 "야 이놈아 안 일어나!" 하고

벼락같이 소리를 지르는 게 아니겠습니까? 부리나케 일어나 화장실로 달려가는데 화장실문이 "야 이놈아 왜 죄 없는 나를 들이받아!" 하고 비명을 지르길래 정신을 차리고 보니 제 이마가 이만큼 부어 있더라구요!

이렇게 사물을 의인화하여서 스피치를 하면 굉장히 유쾌하고 재미있게 느껴지며 특히 어린아이들에게 교육을 할 때나 스피치를 할 때 들려주면 굉장히 효과적인 방법으로 사용할 수 있다.

소통 실력?
설득 지식을 쌓아라

때로는 유식한 척도 필요해

"얼굴도 못생긴 것들이 잘난 척하기는~~!"

예전 KBS 〈개그콘서트〉에서 옥동자가 나와서 했던 멘트가 간혹 생각나는 순간이 있다. 객관적으로 봤을 때, 자기관리가 전혀 되어있지 않은 사람이 공식 석상에서 자기과시형 스피치를 하고 있을 때 말이다.

'잘난 척'은 그렇다 치고 '유식한 척' 스피치를 하는 사람은 종종 필요한 것도 같다. 사람들은 유명한 사람에 약하고 전문가에게 약한 속성을 가지니까 말이다. 그래서 뉴스나 정보전달 프로그램을 보면 꼭 전문가나 유명인의 말을 들어보는 포인트가 있기도 하다.

어느 날은 TV 모 채널에서 정치 전문가인데도 불구하고 연예 정보 프로그램에 나와 연예인의 신변에 관한 이야기를 하는 패널을 보았다. 아무래도 사람들은 말 잘하는 전문가가 말하는 내용이나 의견을 거부감 없이 신뢰하며 받아들이기 때문에 수려한 이미지에 언변이 있는 그를 섭외한 것으로 보였다.

어쩌면 이것은 우리가 활용해야 할 좋은 심리 포인트가 될지도 모른다. 전문가가 말한 내용이나 전문 이론, 전문 용어를 사용해서 상대에게 내가 '이 분야의 전문가입니다'라는 인상을 심어줘야 하는 상황에서 말이다. 우선 전문가라는 이미지를 심어주면 상대는 당신을 전문가와 동등하게 믿게 되는 효과가 생긴다.

최근 나의 경우는 뷰티 분야의 유식함이 부쩍 필요해진 상황이다. 항상 뷰티 분야를 늘 관심 있게 공부해 왔는데, 몇 년 전부터 뷰티와 이미지메이킹 이론을 스피치에 접목하여 선보이기 시작했다. 그리고 강의를 홍보하고 마케팅 하기 위해서는 여타 다른 곳에서의 이미지메이킹 강의와의 차별성을 보여야 했기에 전문성을 보여주는 일은 필수적인 사항이었다.

이왕이면 전문가 수준으로 메이크업을 할 수 있고, 색채학 용어와 디자인 용어까지도 자연스럽게 말할 수 있도록 학원을 다니며 공부하고 자격증까지도 취득을 했던 경험이 많은 도움이 되었다. 이 모든 과정은 흥미가 있었기 때문에 물 흐르듯 자연스럽게 이뤄질 수 있었고 말이다.

나름의 전문성을 쌓았기 때문에 현장에서는 전문 지식을 더욱 자신 있게 꺼내어 설명할 수 있었다. 이윽고 피드백이 오기 시작했는데, '대충 훑는 식이 아니라 정말 강사님이 제대로 된 지식을 가지고 강의를 해주셔서 더 믿음이 가고 만족스러웠습니다.', '강사님이 몸소 체득한 것들이라 더 쉽고 이해가 잘 가도록 설명해주신 것 같았어요.', '교육생 한 명 한 명에게 맞춤형으로 코칭이 가능해서 만족스러웠습니다.' 하면서 나의 공부량과 노력이 빛을 발하는 피드백이 돌아와서 행복했다.

하지만 이러한 전문성을 잘못 사용했다가는 오히려 거부감이 일어나는 경우도 발생한다. 온통 설명 전체를 어려운 용어들로 남발하는 케이스가 그것. '유식한 척하고 있네!' 혹은 '외계어야 뭐야?', '하나도 못 알아듣겠네!' 하면서 이내 강의나 스피치에 흥미를 잃고 집중도가 흐트러지게 된다.

그래서 내가 중요하게 여기는 포인트는 중간중간 전문용어를 사용하되, 그다음에는 그 말을 충분히 흡수할 수 있게 쉬운 말로 풀어내는 방식이다. 전문 용어가 일상의 실제 상황에서는 큰 도움을 주지는 않기 때문에 되도록 쉽게 설명하는 것을 기본 원칙으로 삼는다. 그런 다음 식견과 전문성을 간간이 드러내어 신뢰를 구축하고자 노력하는 것이 더욱 효과적이다. 기억하자. "유식한 척은 아주 가끔 필요할 때만 하는 것이다."

#가끔은유식한척 #유식남발_비호감
#전문용어MSG #전문성_신뢰UP

'팩폭'이 필요한 순간

    스피치는 어디까지나 설득의 요소가 들어가야 영향력을 발휘하게 된다. 설득이란 쉽게 말해 상대방의 마음을 움직이고 행동으로 이어지게 만드는 과정인데, 그 설득의 힘 중에서도 요즘은 '현실감각'을 자극하는 방식이 많이 쓰이고 있음을 느낀다. '팩폭(팩트폭격)'이라는 단어가 유행처럼 쓰이고 있기 때문이다.

    '네가 이런 행동을 하기 때문에 이런 것이다.', '이렇기 때문에 결론이 이럴 수밖에 없다.' 와 같이 상처받을 수도 있는 사실적인 말을 에둘러 표현하지 않고 있는 그대로 말해주는 방식. 한때는 '돌직구', '직설'이라고도 표현되던 말하기 방식이다.

    이런 방식은 고양이발톱처럼 할퀴는 것이 아니라 인정할 수밖에 없는 객관형 설득이라고도 할 수 있겠다. 상대방의 자존심을 긁어 상처를 주지만, 사실은 사실이기 때문에 은근히 정신을 바짝 차리게 만드는 방법. 고상한 말을 재차 쓰며 조언하기는 시간이 걸리고 효율이 없다는 의도로서 얼른 네가 정신 차리도록 해주고 싶으니까 지금 당장 현실을 직시하고 움직여야 한다는 뜻이 담겨있다.

이런 설득 방법은 당신이 이미 위험한 수준, 헤어 나오지 못할 무언가에 빠져 있다는 것을 빠르게 인지하도록 하는 방법이다. '너는 심각한 현실을 너무 모르고 있어'라는 것을 깨우쳐 주는 방법인 셈이다.

자신이 얼마나 착각을 하고 있는지, 현실 감각이 없는 상황인지를 판단하지 못할 때 누군가가 직구를 날려준다면 나의 마음은 잠시 상처에 빠질 수도 있다. 그리고 이러한 팩폭을 쓰면 크게 성공적인 경우가 그리 많지는 않다. 그래서 팩폭을 날려주는 사람은 대개 모르는 사람이 아니라 주로 가족이나 베스트프렌드인 경우가 많다. 수위가 높고 상대의 자존심을 건드리기 쉬운 형태이기 때문이다. 다행히 요즘은 하나의 유머 스피치로서 이러한 유형이 자주 사용되고 있기 때문에 웃음으로 넘기는 분위기가 많다.

이렇듯 강한 설득은 물건을 파는 마케터와 홈쇼핑 쇼호스트들에게도 많이 사용되는 모습을 볼 수 있다. 비포와 애프터가 극명하게 드러나는 화장품이나 생활용품을 판매할 때 그 모습을 많이 발견한다.

우선은 우리의 현실을 반영하는 듯 망가진 모습의 모델을 제시하면서 멘트를 시작한다. 심지어 쇼핑호스트 스스로를 모델로 삼는 경우도 많다.

"저는요 아침에 일어나서 거울을 보잖아요? 이렇게나 거뭇거뭇한 기미와 퀭한 다크서클 보면 정말 하루를 시작하는 기분이 칙칙하고, 심지어는 '이런 얼굴에 화장해서 예뻐지기나 할까?'하는 포기 심리까지 일어나요. 여러분도 그렇지 않아요? 물론, 김태희나 전지현 같은 분들은 안 그러시겠지만… 대부분은 저와 비슷하실 겁니다. 그런데 말이죠. 저는 이 파운데이션 하나 쓰고 나서부터는 아침에 보는 제 민낯도 전혀 짜증나지 않습니다. (시연을 해보이며) 보세요. 얼굴에 착착 달라붙는 이 밀착력. 성형수술로 어떻게 할 수도 없는 게 피부색이었고, 피부과에서 몇백 들여 레이저 시술을 해도 이 모양이었는데요. 몇만 원 투자해서 이렇게 깨끗하고 화사해질 수 있다면 당연히 구입할 수밖에 없죠!"

이렇게 직접 스스로의 현실을 고백하며 판매한 실적은? 당연히 좋을 수밖에 없다. 완판 신화를 기록하는 화장품 대부분이 이러한 멘트 스타일을 구사하며 팔리고 있는 사실은 새로운 일이 아니다. 화장품에 대한 찬사와 성분에 대한 광고를 남발하기보다는 사실과 현실을 있는 그대로 말하며 상대의 공감을 이끌어 내는 것에 집중하기 때문이다.

우리네 일상은 '실수'와 '허점'투성이다. 기계가 아닌 사람이기 때문이다. TV나 인터넷 신문을 보더라도 문제 있는 사람이 더 많아 보이기도 한다. 이런 부분에서 우리는 가끔씩 '팩폭'을 쓰는 일이 필요하다. 비록 내 문제가 아니더라도 그 문제의 심각성을 깨닫게끔 현실을 말하고 그러한 연유로 닥쳐올 결과를 있는 그대로 말해주는 것 말이다.

유행과 같이 장난으로 팩폭을 사용할 것이 아니라, 당신이 영향력을 발휘할 수 있는 사회 안에서만큼은 현실 문제의 심각성과 공포에 대해 공감을 이끌어 보자. 일단 공감을 얻으면 청중의 마음이 움직이고 다음은 세상이 정신을 차리는 모습이 기다리고 있을지도 모르니까.

#장난삼가 #상처주의 #팩폭_직설화법
#현실감각기르기 #필요할땐팩폭

'감성팔이'의 위력

아이돌 코칭을 하고 있는 나로서는 항상 아이돌이 등장하는 음악 프로그램이나 오디션 프로그램을 필수적으로 즐겨볼 수밖에 없다. 급기야 바쁜 때에는 가끔 몰아서 한꺼번에 보기까지 하는데 어느 날은 오디션 프로그램의 한 가지 특성을 발견하게 됐다.

눈물 나는 사연을 가진 아이돌 지망생이 유독 영웅이나 주인공 캐릭터화되는 스토리 구성을 말이다. 사연 없는 사람이 어디 있겠냐만은 유독 사연이 더욱 슬프고 깊은 친구는 사실상 눈길이 가고 부각될 수밖에 없는 것이 사실. 급기야 "저런 친구는 도와줘야 해!"라는 마음에 사로잡히는 스스로를 발견하게 된다.

이런 현상을 두고 일부 시청자들이 너무 지나친 '감성팔이' 플레이를 한다고 표현을 하곤 한다. 언제부턴가 미디어상에 '감성팔이'라는 말이 굉장히 많이 쓰이기에 정확한 의미를 보려고 검색을 해 봤다. 감성을 자극하여 소재를 내세워 논리를 덮는 것. 감성을 자극하여 사람들을 선동하는 일. 또는 그런 사람을 감성팔이로 규정하고 있었다.

생각해보니까 감성팔이를 한다며 비난을 받는 유명인의 사례가 있는 반면, 그 감성팔이가 정말로 이성적인 모든 것을 뒤엎는 큰 힘을 가지고 있는 연출이라는 생각이 든다. 말 그대로 '좋으니까 좋다'라고도 표현되는 '감성'이기 때문이다.

감성을 사용하면 사실상 팔리지 않던 물건도 팔리고, 이길 것 같던 사람이 일부러 승부에서 져 주기도 하고, 잘 모이지 않던 기부금도 모인다. 사람은 기계가 아니기 때문에 보편적인 심리를 건드리면 대다수가 반응하기 때문이다. 나도 모르는 사이 경계심은 사라지고 친밀감이 생기는 감성 기법. 유사성의 원리, 사회를 위한 이타심, 봉사 정신, 영웅심 등 대의성, 인간성에 대한 호소 등 감성을 건드리는 설득 방법은 쉽게 소재를 얻을 수 있다는 장점까지 가지고 있다.

특히나 대한민국처럼 혈연과 지연이 얽히고설킨 나라에서는 이런 '유사성의 원리'를 이용하는 것이 통할 때가 많다. 몇 날 며칠을 고민해도 해결하기 힘들던 문제가 너무나 쉽고 간단하게 풀리는 효과를 체감할 수도 있는데, 가령 좀처럼 설득되지 않던 고객이 자신과 이름이 비슷한 사원을 만날 경우 까다롭던 태도를 바꾸는 효과, 말로 표현할 수 없는 묘한 동질감과 친밀감이 생기기 때문에 달라지는 감성의 힘이다.

사실 꼭 한국이 아니더라도 사람의 마음속에는 '나보다는 우리'를 더불어 생각하려는 마음, 굉장히 강한 유대감이 존재한다. 그렇기 때문에 긴 터널 같은 캄캄한 설득, 끝이 보이지 않는 협상 등을 반복하고 있는 상황이라면 '우리 모두'와 관련된 감성을 팔아보자. 갑자기 없던 반응이 생기고 판세가 바뀔지도 모르니까!

면접스피치, 뭣이 중헌디?

"이야~요즘 학점 4.0 넘는 분들 왜 이렇게 많아요?"
"대외경력이 다들 너무 화려하네요!"
"토익 900점 안 되면 명함도 못 내밀겠어요!"

요즘은 면접 스피치 코칭을 위해 만나는 분들께 오히려 내가
배워야 할 것이 더 많은 기분이다. 스펙을 위해서 온 몸을 던지
듯 살아온 흔적이 이력서에 고스란히 담겨있기 때문이다.

하지만 이렇게 화려한 경험과 전공 콘텐츠를 쌓았더라도 호감
이 가는 스피치로 꺼내 보이지 못하면 '말짱 꽝'이 된다. 게다가
요즘은 실력과 스펙이 비등한 면접자가 워낙 많은 시대다 보니
이제는 이미지메이킹과 개성까지 신경 써야 하는 게 현실이다.

무작정 회사 관련 정보를 수집하고 독서나 공부를 많이 하는
노력이 면접 스피치의 효과를 가져다주지는 않는다. 그렇기 때

문에 자기PR, 질의응답, 설득기법 등의 기술을 먼저 익히고 훈련하는 과정은 필수적이다.

근 10년 가까이 나는 꾸준하게 면접자들의 스피치 코칭을 진행해오고 있다. 말더듬기, 떨림증, 어휘능력 부족, 자신감 결여 등 부족한 부분은 각각 다양했지만 실습과 훈련을 통해 대폭 변화가 찾아오는 경우가 일반적이었다. 그래서 더욱 자신 있게 "스피치 능력은 학습과 노력을 통해 그 변화의 폭을 크게 넓힐 수 있습니다!"고 설명한다.

하물며 면접도 준비하고 학습하면 얼마든지 단기간 내 매력적인 면접자로 거듭날 수 있다. 이 과정은 마치 메이커가 없던 물건을 명품으로 상품화시키는 과정과도 같아서 항상 흥미롭다. 다만 진실된 마음가짐과 열정, 적합한 면접 자격기준을 갖췄다고 가정했을 때를 말한다.

그렇다면 면접 스피치는 기본적으로 어떤 부분을 먼저 신경 써야 하고, 어떻게 준비해야 좋을까?

: 낯선 이와의 만남과 대화

면접은 말 그대로 얼굴을 맞댄 만남과 대화다. 면접관은 전혀 만난 적이 없는 낯선사람이라는 포인트에 스피치의 초점을 맞출 필요가 있다. 낯가림이 있더라도 새로운 사람과의 대화에 친근하고 능동적으로 임하는 사람이 면접에서도 승률이 높을 수밖에 없다. 더군다나 영업직, 상담직, 서비스 직군에 응시하는 면접자라면 더더욱 에너지 충만한 스피치로써 소통하는 면모를 드러내야 좋은 점수를 받을 수 있다.

면접관을 사로잡아야 하는 자리, 심리학자 로버트 치알디니는 『설득의 심리학』을 통해 상대방을 설득의 요소 중에서도 호감을 강조한 바 있다. 무엇보다도 '호감'을 사자. 이를 위해 내용적인 측면, 표현적인 측면, 비언어까지 모두 고려하여 맞춤형으로 대화하려는 노력을 해야 한다. 비단 면접뿐만 아니라, 남녀가 마주하게 되는 소개팅 자리나 처음 만나는 사람과의 자리가 모두 면접과도 같다고 볼 수 있다. 면접관과 기업에 나를 PR하기 위해서는 그만큼 긍정적인 인상을 위해 노력하는 과정이 필요하다.

> 1분 내외의 짧은 스피치에 능해야 한다.
> 장황하고 지루한 말은 누구나 싫어한다.
> 명료하고 재미있는 말은 누구나 좋아한다.

어린 시절 가장 지겨웠던 스피치 순간은 초등학교 시절 교장 선생님의 훈화말씀 시간으로 기억된다. 소재나 내용 자체도 어린 내게 큰 재미가 없었지만 길고 지루한 나머지 전달력 있게 귀에 들어오지 않았다. 반면, 대학 시절 어려운 관념도 쉽고 재미있게 풀어주시던 교양 경제학 교수님은 자꾸만 기억에 남는다.

　대기업의 면접관은 하루에도 정말 많은 지원자들을 만나야 하기 때문에 장황한 스피치에는 피곤함과 지루함을 느낄 수밖에 없다. 더군다나 점심시간 이후라면 노곤하고 지쳐있는 심신으로 인해 비슷비슷한 지원자들의 모습에 지쳐버릴지도 모를 일이다. 따라서 핵심이 드러나면서도 개성이 드러나는 짧은 스피치, 구조적인 스피치를 훈련하는 것이 좋다.

짧은 내용 스피치, 단순한 질의응답 구성 ✎

1~2분 내에 핵심이 드러나게 말하는 3단스피치를 활용해보자. 이때는 핵심을 앞뒤로 병렬 배치하여 (A-B-A) 다시 한 번 내용을 각인시키는 효과를 꾀하는 것도 방법이다. 마지막 핵심에 플러스 알파적인 요소로써 비전이나 방법을 더해주면(A-B-A+) 더욱 완성도 있는 스피치가 된다.

A-B-A
핵심 - 사례, 이유, 근거 - 다시 한번 핵심 강조

A-B-A+
핵심 - 사례, 이유, 근거 - 핵심과 더불어 전망 또는 제안

　면접 이야기를 하다 보니 문득 스피치 코칭을 받았던 학생들이 하나둘씩 떠오르며 입가에 미소가 생긴다. 처음엔 눈도 잘 마주치지 못하고, 인상도 차가웠으며, 목소리 크기가 개미 크기

만 하던 학생들이 몇 개월 후 합격의 소식을 알려오던 순간들은 영원히 잊지 못할 보람으로 남아있다.

단순한 돈벌이로서의 스피치 코칭이 아니라 타인의 삶을 변화시키는 코칭으로서 면접 준비자들을 만나고 있기 때문에 그 결과는 내게 큰 의미로 다가올 수밖에 없다. 비슷한 스펙 속에서도 살아남을 수 있는 면접, 알고 준비하면 반드시 승리한다!

"미투"로 친해지기

"고운아, 너도 핑크색 좋아해? 나도 좋아하는데!"
"고운이도 떡볶이 좋아하는구나? 난 완전 미치는데!"

내가 친구가 된 사람들과의 첫 대화를 생각해보면 주로 '좋아
하는 것'에 대한 대화가 주를 잇는다. 나뿐만 아니라 모든 사람
들이 비슷하게 겪는 현상이기도 하다. 하지만 첫 만남에서 어색
함 가운데 이렇듯 가벼운 말조차 꺼내지 못하고서 고민하는 사
람이 생각 외로 많다.

특히 대화가 아니라 대중스피치의 경우는 더욱 그러하다. '아
이스브레이킹'이라는 명목하에 유머를 던져도 보고 체조를 시키
는 강사님도 계시지만 좀처럼 청중과의 거리 좁히기는 쉬운 일
이 아니다. 이때에는 가장 좋은 분위기메이커로서 '우리'라는 단
어를 추천한다.

심리적으로 '유사성의 원리'를 이용하는 방법인데 비슷하거나 닮아있는 존재에 더욱 친근감을 느끼고 호감을 보이는 현상이다. 그래서 나와 같은 이름을 가졌거나 생김새가 닮은 사람에게는 유독 관심과 애정이 생기는 이유다. 특히나 우리나라처럼 혈연과 지연이 더욱 중요한 관계로 작용하는 나라에서는 '유사성의 원리'를 활용한 말하기가 더 많은 효과를 거둘 수 있다.

혈액형이든 고향이든 성씨든 사는 곳이 어디든 서로의 공통점을 발견하는 작업을 먼저 하자. 그리고 발견으로 얻은 사실들을 첫마디, 오프닝에 써먹는 식으로 첫마디를 시작해 보자. 유사성은 곧 서로간의 경계를 풀어주어 당신의 말에 몰입하도록 만들어줄 것이다.

나 같은 경우는 행사 MC로서 청중 앞에 서게 될 때 가장 먼저 하는 생각 중 하나가 바로 '뭐 입고 가지?'이다. 물론 멋있게 입고 서서 사회를 보고 여성 사회자로서 예쁘게 보여야 호감형이 될 것이라는 흔한 생각에서이기도 하지만, 유사성의 원리효과를 매번 톡톡히 봤기 때문에 고민하는 것이다. 친근하고 익숙함을 주는 색깔의 옷을 입고 갈 경우 말없이 웃고만 있어도 분위기가 살아나는 경험을 다수 겪었기 때문이다.

모교인 한양대학교에 강의를 가거나 축제 사회를 갈 때마다 나는 늘 애교심에 불타올라 로고와 비슷한 색의 자켓, 블라우스를 입곤 했다. 저절로 오프닝에서 할 말이 생겼다. "안녕하세요? 여러분! 제가 왜 오늘 이렇게 파란 자켓을 입고 왔는지 아시겠어요? 여름이라서 시원해 보이려고요? 아니죠! 바로 푸름이 넘치는 한양의 후배 여러분을 만나러 왔기 때문이죠~!" 하고 능청스러운 멘트가 절로 나오는 것이 아닌가. 이후로도 환경과 관련된 행사에는 녹색 계열을, 로고가 붉은 회사에 갈 때는 의상에 붉은색을 쓰면서 비슷하게 멘트 효과를 주었더니 오프닝에서는 굳이 개그우먼처럼 유머를 쓰지 않아도 너무나 자연스럽게 분위기가 환해지는 효과를 누렸다.

상대와의 기싸움이 아니라, 상대를 내 친구로 만드는 방법이야말로 스피치 전반을 효율적으로 운영하는 정석이다. '나도'라는 개념으로 범주를 묶어보자. 일단 서로를 엮으면 결과는 굳이 생각하지 않아도 된다.

#내편만들기 #청중을친구로 #미투효과
#동질감형성 #맞춤형멘트

'오글대는 말'의 효과

천성이야 어떻게 타고났든 간에 나는 딱 경상도 여자였다. 20년을 경상도에서 나고 자라다 보니 생김새는 여성스럽다 할지라도 환경의 영향을 받은 탓에 조금 무뚝뚝하고 '사랑해!'라는 세 글자가 내겐 그렇게 낯간지러울 수가 없었다. 연인에게 고심해서 고른 선물을 주면서도 "오다가 주웠다."라고 말한다던 경상도 남자들의 일화처럼 말이다.

마음은 늘 굴뚝같은데 말이 잘 나오지 않거나 쭈뼛거리다 아예 반대로 말해버리는 청개구리 습성까지 생기기도 했다. 그런 패턴이 유년 시절부터 무의식에 박혀버렸으니 서울스타일이 되는 과정은 얼마나 힘들었을까! 그야말로 뼈를 깎거나 영혼을 한 차례 갈아엎는 기분까지 들었다. 마음만큼은 '나는 이미 서울여자'였는데 말이다.

결과적으로는 화술은 천성적인 것이 아니라 후천적으로 학습하는 기술이었다. 마치 어릴 때부터 영어와 모국어로 말하는 환경에서 자라면 두 개의 언어를 사용하는 사람들이 있듯이. 지금의 나는 오글거림의 절정을 달리는 애교스런 멘트까지도 몸을 전혀 배배 꼬지 않고 해낼 수 있는 경지에 이르렀으니까 말이다.

실제로 내 주변에도 "상냥하게 말하고 싶어요.", "좀 더 친절한 느낌을 주고 싶어요.", "여성스럽게 말하고 싶어요."와 같이 호감을 자아내는 말투와 화법을 얻고자 하는 교육생들이 많고, 이를 위해 맹렬하게 함께 코칭 트레이닝을 진행하고도 있다.

그렇다면 소위 '오글거린다'라고 표현되는 내용이나 말투와 같은 화술은 왜 사용해야 하는 걸까?

"나는 그런 식으로 말 하지 않고도 잘 살 수 있어!"라고 자신하는 사람이라면 굳이 바꾸려고 학습을 할 필요가 없다. 전혀 잘못된 생각도 아니기 때문이다. 하지만 분명한 사실은 누구나 인간관계를 부드럽게 만들고 싶어 하고 이를 위해 조금만 내용과 말투를 상냥하게 바꾸어도 상대방의 마음을 훔치는 일까지 가능해진다는 것.

'이럴 때에는 이렇게 말해라.', '이럴 때는 이런 공식으로 멘트해라.' 이런 책들은 시중에 넘쳐나겠지만 사실 '왜 그렇게 말해야 하는가', '그렇게 말하면 뭣에 좋은데?'에 대한 내용을 먼저 인지하고 접근하는 사람은 많지 않다.

사실 오글거린다고 표현하는 말투나 화술은 호감형 화술에 가깝다. 정말 요긴한 화술이라고 생각해도 될 만큼 위력이 크다. 먼저 상대방의 심경이나 마음을 파악하는 것을 우선으로 삼는 배려의 표현이기 때문이다. '누구나 사랑받고 존중받고자 하는 욕구를 가지고 있다.'는 객관적 심리를 파악한 스마트한 말하기라고도 설명할 수 있다.

나를 내려두고 출발해야 호감의 화술이 비로소 입에 담기기 때문에 긍정의 마인드는 기본이다. 이렇게 시작하면 신기하게도 상대방이 나에게 비슷한 화법으로 다가오게 된다.

⋮ 먼저 말하도록 만들자

"내가 말이지~", "나는 있잖아~" 자기 이야기로 시작하는 말이 아니라 "그다음은 어떻게 됐어~?", "대박~", "너의 얼굴을 보면 봄이 느껴져~" 상대가 먼저 말하도록 이끄는 화술이야말로 '뭘 좀 아는 사람'의 화술인 것이다.

그러나 '대화 속에서 이러한 요소를 어떻게 실천할 수 있을까' 하고 방법을 잘 모르는 경우가 있을 것이다. 그 방법은 의외로 간단해서 익히고 실천해보면 좋겠다.

오글대는 느낌, 즉 친근감과 상냥함 넘치는 말투는 가졌다 치더라도 첫마디에 나의 얘기를 먼저 꺼내는 것이 호감으로 비춰지기는 어렵다. 오히려 비호감으로 보여지거나 분위기 파악을 못 하는 사람으로 보여지므로 조심해야 한다. 상대방이 심리적 거리를 두지 않도록 '내가 말하고 싶은 것'을 줄이고 '상대가 듣고 싶은 말'을 해주면 된다.

상대방에게 먼저 상냥한 질문을 던지며 말을 시작하면, 상대가 원하는 말의 키(KEY)를 제대로 잡을 수 있다. 질문자가 되어본 적이 있는가? TV 속에 나오는 인터뷰의 왕 리포터들과 같이 상대의 말을 끌어내고 그 말에 맞춰 맞장구를 치거나 동의하는 식의 멘트를 건네는 식이다. 말하는 사람은 내가 대화가 되는 멋진 사람으로 느껴질 것이고 즐거운 마음을 가질 수밖에 없다.

누군가에게 "넌 너무 오글거려!"라는 말을 들은 적이 있는가? 그렇다면 당신은 이미 상대방의 친근한 감정을 이끌어냈으므로 대화에 소질이 있다고 자부해도 된다는 사실! 이와 더불어 질문으로써 상대를 배려하는 화법이 키포인트라는 점도 잊지 말자!

#오글도필요해 #친절한말하기 #호감형화술
#맞장구기법 #상대가든고픈말

짧은말은 위험해

"말을 왜 그런 식으로 하니?"

누구나 본의 아니게 말로써 오해를 사 본 적이 있을 것이다. 사춘기의 나는 오해를 사기에 딱 좋은 아이였던 것 같다. 중학교 2학년 때였다. 과학선생님은 유독 나를 '미운이'라고 부르곤 하셨는데, 그 이유를 도통 알 수가 없었다. 아무래도 이름이 '고운'이니까 재미로 그렇게 부르시나 보다' 하고 생각했다.

그런데 하루는 나의 말에 씁쓸한 유머로 토를 다시며 한심하다는 표정을 지으시는 게 아닌가. 선생님께 질문을 할 때 "왜요?"라는 두 글자로 심플하게 질문을 했더니 "왜요는 왜놈(?)들이 덮는 담요지, 미운아!"하고 요즘으로 치면 언어유희격의 아재개그를 하셨는데, 크고 나서 생각해보니까 나의 화법은 말 그대로 '미운이'가 맞았다. 그야말로 앞뒤 다 잘라먹은 무례한 말투였기에….

일방적으로 말을 하는 것은 아닌데 왠지 대화가 이루어지지 않는 사람의 화술을 관찰하면 상대방에게 긴장감을 주거나 부정의 표현을 쓰는 습성이 있다는 것을 알 수 있다. 나는 바로 그런 표현을 자주 쓰는 학생이었던 것이다. 허물없는 대화를 하다 보니 아주 막역한 사이의 친구나 남동생과는 경상도식의 짧고 삭막한 멘트를 사용하곤 했는데, "아니!", "왜?", "뭐?", "그래서!" 하며 툭툭 뱉듯이 대화를 자주 이어간 것이 화근이었다. 과학선생님은 그래서 고운이의 말투가 참 많이 안타까우셨을 것 같다.

"그런데", "아니오", "그렇지만", "왜"

나만 그런 것이 아니라 이런 부정어를 사용하는 사람은 나이를 떠나서 굉장히 많다. 내가 스피치를 공부하게 된 대학시절 깨달은 것은 사소한 부정어나 의문을 사용하지 않는 것만으로도 관계가 놀랄 만큼 달라진다는 사실이다.

"그렇구나", "역시", "알겠어", "네", "맞아"

이렇게 뉘앙스가 긍정적인 어휘를 사용해서도 대화를 할 수 있다는 사실이 새삼 놀랍기까지 했다. 이러한 단어로 이러진 대화의 분위기는 무척 부드럽고 대화에는 흥이 날 수밖에 없다.

혹시라도 습관적으로 사용하는 언어 중에 "근데, 하지만" 등의 단어가 있지는 않은지 점검을 해 보자. 평범하고 사소한 자리에서 쓰는 말이라고 할지라도 부정적인 말을 쓰고 있는 사람을 보면 성격 전체가 부정적으로 보일 가능성이 크다.

또한 상대방이 나에게 비꼬듯 하는 말이나 부정적인 말을 한다면 이에 맞대응해서는 좋은 대처가 되지 않는다. 오히려 상황은 악화되기만 할 뿐이다. 추궁할 필요도 따질 필요도 없이 있는 그대로를 받아주고 자연스럽게 흘러가게 두는 방법이 최선이다.

#무례함주의 #짧은말위험 #오해방지
#습관어유의 #친한사이_말투조심

스피치도 예고가 필요해

    내가 아나운서를 꿈꾸던 어린 시절에는 "잠시 후 9시에 뵙겠습니다."라며 사전에 짧게 등장하는 앵커의 모습이 마냥 멋있게만 느껴졌다. 그리고 그렇게 앵커가 미리 등장하는 이유를 몰랐던 시절에는 그저 '시청자들에게 임팩트 있는 모습을 주기 위해 짧게 스피치 하는 코너!'라고 생각하기도 했다.

    스피치 공부를 하고 아나운서 준비 실습을 하면서부터는 그 순간이 하나의 '예고'를 위한 장치임을 깨닫게 됐다. 예고란 본격적인 콘텐츠 설명이나 논의를 하기 전에 그 주제가 무엇에 대한 것인지를 간략하게 요약하여 미리 발표하는 것이다. 뉴스는 왜 예고 방송을 광고처럼 하는 것일까? 정말 광고처럼 "우리 뉴스를 꼭 봐야 해!"라고 강조하는 기능을 하는 것일까?

    일종의 광고 역할이 맞다. 그리고 오늘의 뉴스에 포함된 보도 내용의 전반을 간략하게 알려줌으로 인해 서로 각기 원하는 정보가 다른 시청자들이 모두 뉴스를 시청하도록 만드는 기능을 한다. 일반 스피치에서도 마찬가지로 발표 내용 전반을 친절하게 가이드 해주면 좋다. 머릿속에 구조를 정리하며 발표를 듣기에 수월해지기 때문이다.

그렇다면 예고가 필요한 스피치의 장르는 어떤 것일까? 주로 설명을 하는 설명회나 세미나에서의 프레젠테이션에서 예고를 적절히 섞어 스피치 하면 보다 좋은 효과를 거둘 수 있다.

전체 스피치에 대한 내용 예고는 서론인 오프닝이 끝나고 본론이 시작되기 전에 삽입하는 것이 가장 자연스럽다. 주제를 밝힌 다음 주제문을 몇 개의 요점으로 나누어 소개할지에 대해 알려주는 식이다.

예를 들어 "오늘 저는 자사의 화장품이 유해 자외선을 차단하여 우리 피부를 보호하는 성분과 원리, 그리고 자외선 차단 외 발휘하는 피부보호 기능들에 대해 말씀드리도록 하겠습니다."라는 식으로 길게 설명하지 않고 "오늘 제가 드릴 설명은 두 가지로 나뉩니다. 첫째 자사 화장품이 유해 자외선을 차단하여 피부를 보호하는 성분과 원리를 말씀드리겠습니다. 둘째로 자외선 차단 기능 외 다양한 피부보호 기능들에 대해 설명드릴 예정입니다."라고 주요 내용의 체계를 예고해주는 식으로 하면 효과적이다.

발표 내용이 긴 경우에는 각 각의 항목들에 대한 세부내용 예고도 있으면 좋다. 전할 내용의 아이디어가 너무 방대한데다 많은 세부내용을 모두 다루어야 하는 경우에는 다시 예고를 하고 들어가는 형식이다.

"지금 말씀드릴 자외선 차단 기능을 하는 성분들은 정말 다양한데요. 그중에서도 오늘은 세 가지 성분을 대표적으로 알려드리려고 합니다. 첫째는…" 하는 식으로 세부 내용의 논의에 들어가면 깔끔한 설명이 된다.

때로는 예고만 해서는 안 되는 경우도 발생한다. 긴 발표의 경우 청중의 기억력이 생각보다 좋지 않기 때문이다. 이때는 예고와 반대 기능을 하는 '요약'을 병행해야 한다. 예고가 청중을 안내하기 위해 사용하는 것이라면 요약은 일단의 논의가 끝난 뒤 청중의 기억과 이해를 돕고자 사용되는 장치라고 생각하면 된다. 스피치의 본론이 모두 끝난 뒤 결론을 시작하기 전에 요약을 제시하면 자연스럽다. 때로는 스피치 중간중간 세부내용을 정리하는 식으로 요약하기도 한다.

중간 내용을 요약할 때는 "요약하면……, 지금까지 드린 말씀을 잠깐 정리하자면……, 지금까지의 말씀을 재차 강조하자면……."과 같은 표현으로 말을 시작하면 좋다.

이렇듯 내용을 조직하는 것이 정말 중요하지만, 그 못지않게 조직 구조를 스피치로 옮겨 청중의 머릿속에 구조도를 그려주는 작업이 중요하다. 이를 위해서는 '첫째, 둘째, 셋째'와 같은 순서 어휘를 반드시 사용하도록 훈련하자. 청중이 내용을 이해하며 따라오지 못하는 스피치는 외면받는 스피치나 다름없다.

고수처럼
'실력무게' 늘리기

웃음, 매력적인 속임수

TV를 보면 늘 내겐 너무 신기한 사람들이 있었다. 바로 가수와 아나운서! 그들이 내겐 정말 신기한 사람들이었다.

"아! 정말 심장이 튀어나올 것 같아요. 너무 너무 떨리네요!"라며 실컷 얘기해놓고선 막상 무대가 시작되면 언제 그랬냐는 듯이 멋지게 말을 하고 노래를 하니까 말이다.

훗날 내가 방송일에 입문하고 나서야 알게 된 사실인데, 스타들은 긴장을 없애는 것이 아니라, 아주 예쁘게 혹은 멋있게 긴장을 숨기고 있는 것이었다. 그들은 어떻게 긴장을 자연스럽게 숨길 수가 있을까? 바로 웃음과 호흡을 활용하기 때문이다.

TV가 아닌 일상에서도 신기한 사람은 있었다. 내게 늘 연구 대상이 됐던 대학 친구 미희는 긴장할 때도 항상 웃는 얼굴이었다. 하루는 미희가 발표 준비를 잘 하지 않아서 꽤 많이 말을 버벅거렸다. 그런데도 여전히 미소를 띤 채 끝까지 발표를 마무리 짓는 모습을 보면서 나는 정말 놀라움을 감출 수가 없었다.

수업이 끝나고 나서 "미희야, 너는 어쩜 그런 상황에서도 웃는 얼굴일 수가 있어?"라고 물었더니 "모르겠어. 그냥 습관 같은 건가? 사실 나는 내가 웃고 있는지도 몰라!"하고 말하는 게 아닌가.

무대에 선 가수들도, 아나운서들도 마찬가지. 프로답게 담담한 태도로 웃는 모습이 습관처럼 몸에 배인 경우가 많을 것이다. 스스로 화면에 잡히는 자기 모습을 자주 모니터링한 결과일 수도 있고, 마인드가 본래 긍정적이고 밝은 사람일 수도 있다. 어쨌거나 긴장감을 누르고 웃을 수 있는 여유를 가지기까지 들인 노력의 양은 정말 어마어마할 것이란 추측이 든다.

나 또한 방송인이 되고 싶었기 때문에 '웃는 여유'를 좀 가지고 싶어서라도 열심히 노하우를 만들어 내야 했다.

'나도 웃는 표정을 습관으로 만들 수 있을까?'

조금은 엉뚱했지만 어정쩡하거나 어색한 표정을 짓느니 차라리 한껏 입꼬리를 찢은 채 웃는 상이 되면 덜 민망할 것만 같았다.

그래서 영상을 보고 또 보며 그들의 표정 변화를 정말 열심히 관찰했다. 항상 웃는다기보다는 그들의 입꼬리에 늘 힘이 실려 있고, 입술이 늘 이완되어 있다는 점에서 긴장과 대처에 대한 많은 영감을 얻을 수 있었다.

나의 경우는 우선 긴장을 하게 되면 입꼬리가 힘없이 처지는
편이었고, 표정으로 티가 나는 타입이었다. 이를 방지하기 위해
평소 미소, 특히 입꼬리를 이완하여 밝은 표정을 유지하는 훈련
을 했다. 어느새 근육의 미세한 떨림까지도 미소가 꽉 잡아주
는 효과를 얻을 수가 있었다.

이렇듯 긴장 하나를 숨겼을 뿐인데, 상상만으로도 행복한 일
들이 조금씩 내게 벌어지기 시작했다. 작고 큰 방송 오디션에 합
격하면서 일이 더 많아지기도 했고 스스로에 대한 용기가 생겨
났다. 내가 만약 긴장에 대비하는 훈련을 하지 않았다면 결과가
어떻게 돌아왔을까? 나의 진면목을 보여줄 수 없음은 물론이
고, 자신감은 점점 결여돼 자존감까지 낮아졌을지 모른다.

그토록 바라던 일들이 가능한 일로써 내 삶을 지배하고 있
는 요즘은 심리적인 긴장과 두려움을 감추는 '웃는 습관'을 정
말 크게 여긴다. 긴장감은 없애는 것이 아니라, '웃으며 인정하
는 것이다'

실수도 매력으로 감추는 셀럽

"나는 괜찮습니다. 다만 무대 뒤에 있는 직원들은 오늘부로 짤릴까 봐 난리가 났겠죠!"

난데없이 일어난 정전 사태에 스티브 잡스가 유머로 대처한 일화는 익히 유명하다. 정전이 돼서 프레젠테이션 슬라이드가 갑자기 꺼지고 작동하지 않으면 당황할 법도 할 텐데. 역시 세계적인 거장은 다르다는 생각이 들었다.

본인의 실수이든 장치의 문제이든 간에 갑작스러운 돌발적인 상황이 발생했을 때에는 어떻게든 청중을 안정적으로 끌고 갈 수 있게 리드하는 것이 고수의 모습. 순간 정적이 흐르고 어쩔 줄 몰라 하며 "죄송합니다."를 연거푸 내뱉는 것은 하수다.

실수도 실수가 아닌 것처럼 **뻔뻔하게** 넘어갈 것인지, 아니면 적극적으로 사과를 한 뒤에 말을 이어갈 것인지는 발표자의 스타일대로 하면 된다.

중요한 것은 청중 앞에서 얼마나 자연스럽고 여유 있게 보일 수 있느냐의 문제일 것이다. 보는 청중마저 아슬아슬하고 안절부절 못하게 만든 순간, 진행은 망친 것이기 때문이다.

그렇다면 프로 발표자들은 갑작스런 상황에서 어떠한 기법으로 대처하고 있을까? 우선 말할 내용이 생각나지 않을 때엔 질문화법을 사용하는 것이 하나의 특징이다. 순간적으로 이유 없는 정적이 흐르게 하는 것보다 "이럴 때 여러분은 어떻게 하세요?", "다음 내용으로는 어떤 것들이 이어질까요?", "정말 놀랍지 않습니까?" 등, 청자의 입장에서 질문을 던지며 여유를 가진다. 청중의 리액션에 다시 화답하며 시간을 가지다 보면 신기하게도 다음 내용이 연상되면서 자연스럽게 발표를 이어나갈 수 있게 된다.

일부러 자연스럽게 말을 끄는 기법을 사용하기도 한다. 생방송 도중 MC들은 말을 자연스럽게 끌기도 한다. 매끄러운 진행을 하는 것 같이 보이지만 사실은 대본을 파악하며 말을 이어가기 위해 시간을 버는 기법이기도 하다.

"자~! (손을 내밀어 제스처를 하며)"

"그렇습니다~! (고개 끄덕임을 크게 주며)"

"음~ (미소지으며 생각하듯이)"

"네~하하하 (크고 매력적인 미소)"

　이러한 찰나의 연출은 발표자의 매력을 만들어내기도 하고, 순간 다음 내용을 이어나가기 위한 시간벌기로도 작용한다는 사실! 시상식이라든지 생방송으로 진행되는 방송 영상들을 한 번 모니터링 해보자. 분명 감이 올 것이다.

　솔직하게 말하며 유머를 사용하는 것이 '고수 of 고수'의 면모 라는 사실을 알아두자. 프로들은 늘 꾸밈 없이 솔직하다는 것 이 공통점이다. 긴장을 했을 때에도, 실수를 했을 때에도 태연 하고 그 모습이 자연스럽기 때문에 듣고 보는 사람의 입장에서 도 전혀 어색하거나 심각한 느낌이란 들지 않는다.

"제가 오늘 여러분의 빛나는 외모 때문에 잠시 긴장을 했나 봅니다!"
"에구구, 이 기계가 사람을 알아보나 봐요. 제가 발표하면 기 계들이 설레는지 오작동을 하더라고요?"

　때로는 순간에 솔직한 말로써 임해보자. 유명한 명사나 대통 령들도 실수에 솔직하고 유머 섞인 언행으로 대처한 사례가 오 히려 더욱 유명하고 호감 가는 일화로 남는 경우가 많다.

실수하는 것을 너무 두려워하지 말자. 감추는 것보다도 오히려 더욱 큰 인간적인 매력으로 다가갈지도 모를 일이니까 말이다. 실수는 누구나 할 수 있지만, 그 실수에 대처하는 능력은 곧 나 스스로의 스피치 능력으로 대변될 것이다.

#매력으로감추기 #뻔뻔하게넘어가기 #말끌며시간벌기
#솔직하게인정 #대처능력이실력

침묵은 스피치 고수의 특기

스피치 그룹코칭으로 만나게 된 강사 규정씨는 첫 시간, 자신의 스피치에 대해 이야기 하는 코너에서 "저는 사실 침묵을 두려워했던 것 같아요. 대화를 할 때에도 침묵을 견디기 힘들어하는 편이라 늘 어떤 말이곤 일단 먼저 꺼내서 침묵을 깨야 직성이 풀려요. 그러다 보니 본의 아니게 제가 말이 많아진 것 같아요."라고 말을 하며 나의 공감을 샀다.

나 또한 고백하건대 아직도 침묵이 어색하다. 하지만 애써 침묵을 견뎌내며 웃음을 한껏 지어 보인다. 그러면서 속으로 이렇게 생각한다.

'내 침묵의 길고 긴 느낌이 상대에게는 지극히 짧은 순간이야!', '청중과 말없이 시선을 응시하며 교감을 해보는 거야!' 하고 말이다.

발표와 같은 대중스피치에서는 물론이고 모든 커뮤니케이션 전반에 걸쳐 대부분의 많은 사람들은 "스피치 사이의 침묵이 어색하고 무섭다."라고 반응한다. 가깝지 않은 사이에서의 대화, 낯선 대중 앞에서의 스피치에서는 더 심해지는 경향이 있다. 문득 찾아오는 침묵의 순간은 초조함을 낳고 공포심을 낳고야 마는 것이다.

'아무 반응도 없는 것은 내 말이 재미없고 시시하게 들려서가 아닐까?'
'내 말 때문에 이 사람이 기분 상한 것은 아닐까?'

온갖 부정적인 심리가 거북하게 나를 괴롭혀댄다. 이런 증상을 일명 '침묵공포증'이라고도 부르는데, 결코 잘못된 현상이 아니라 자연스러운 현상으로 우리 모두에게 존재하는 심리이기도 하다. 어쩌면 정말 쉴 새 없이 말이 많은 수다쟁이들은 침묵이 어색해서 그러는 걸지도 모르겠다.

하지만 고수들은 침묵 또한 얼마나 중요한 스피치의 기교인가에 대해서 잘 알고 있다. 침묵의 순간만큼 좋은 효과를 내는 스피치 기법이 있을까 싶을 정도로 말이다.
말이 상대방에게 제대로 전달되기 위해서는 어린 시절 나에게 음식을 떠서 먹여주시던 엄마를 생각하면 답이 보인다. 상대방이 내가 주는 음식을 잘 씹어 삼키며 소화할 수 있도록 여유를 주는 기법이 바로 침묵이다.

예를 들어 자동차 딜러가 상품에 대해 상담을 할 때, 팜플렛을 보여주면서 새로운 모델과 옵션에 대해 설명을 하고 있다고 가정해보자.

> 판매원 : 고객님께서 직업상 선호하는 스타일이 SUV인 것 같아서 이번에 새로 나온 모델을 가지고 왔습니다. 얼마 전 면허를 따셨고, 첫차이신 것을 고려해서 고성능 후방카메라 옵션을 추가로 추천드리려고 하는데 어떠신가요?
>
> 고객 : … (침묵) 그렇군요…. (다시 침묵)

이때의 침묵은 상대방이 '이해하기 위해' 필요한 시간이다. 판매원이 제안한 아이디어를 처음으로 접한 데다가 설명을 듣자마자 바로 판단을 내리기가 어려운 것일 수 있기 때문이다. 이때 판매원은 여러 가지를 생각하게 된다. 노련하지 못한 초보 판매원일 경우 침묵을 견디지 못하고 바로 재촉하듯 이런저런 설명을 더하며 비슷한 멘트를 지속적으로 뱉을 것이다. 그리고 고객은 충분한 생각을 해볼 시간이 없기 때문에 판단을 내리기가 더 어려워진다.

발표의 대가 스티브잡스도 역시 침묵의 효과를 누리는 대가였다. "이것이 바로 맥북에어입니다!" 신제품을 공개하는 즉시 말을 잇지 않았다. 웃음을 띠고 한참을 응시하며 청중과 교감하는 간격을 두었으며, 그 침묵과 미소는 뜨거운 관중의 박수와 환호를 이끌어냈다. 또한 장과 장 사이 화제가 전환되는 시점에서는 잠시 침묵하며 무대의 반대편으로 걸음을 옮겼다. 이러한 스텝의 순간은 다음에 이어질 내용에 대한 기대감과 궁금증을 증폭시키는 장치가 되기도 했다.

이렇듯 상대방의 반응이나 말을 기다리는 것, 그리고 말과 말의 틈새를 두는 것은 상대방에 대한 배려가 된다. 상대방이 맛있는 말을 충분히 소화할 수 있도록 혹은 다시 몰입하며 흥미를 살릴 수 있도록 시간을 주어야 한다는 점을 기억해두자.

한편으로 침묵하면 안 되는 순간도 있다. 이해가 필요한 순간이 아니라, 의논의 흐름이 막혀버리거나 분위기가 얼어붙으면서 침묵이 흐르는 순간에서 말이다. 이때는 마냥 가만히 있어선 답이 나오지 않는다. 분위기 전환을 위한 누군가의 한마디가 반드시 필요하다.

"실내 공기가 좀 탁한데 창문을 살짝 여는 게 좋지 않을까요?"

"목이 마르실 것 같은데 제가 시원한 물 한잔 내오겠습니다."

말과 행동으로 어색한 분위기를 잠시 끊어주는 것이 필요한 순간이 많다. 숨 막힐 듯한 침묵이 흐르던 실내에 잠시 브레이크를 걸어주자.

"자 10분간 휴식합니다. 저도 잠시 스트레칭 좀 하고 공기를 쐬고 오겠습니다."처럼 제안하는 것이 가장 일반적인 방법이다.

그리고 다시 분위기를 재개하면 한층 생각이 정리되어 효율적인
시간이 형성될 것이다.

유튜버는 유튜버처럼 말해야지!

흔히 우리는 옷을 잘 입는 멋쟁이 친구들에게 "너는 스타일이 정말 좋아!"라고 칭찬하곤 한다. 그처럼 우리 말하기에도 일종의 '스타일'이라는 것이 존재한다. 글쓰기에도 건조제, 간결체, 우유체 등의 '문체'가 존재하듯이 말이다.

요즘 청소년 사이에서는 '급식체'라는 것이 유행하기도 하는데 말하기 스타일은 유행을 낳기도 하고 그 사람의 매력을 낳기도 한다.

방송 프로그램으로 치면 아나운서가 프로그램 성격에 맞춰 말투나 목소리 톤을 달리하여 스타일을 바꾸는 모습을 연상하면 느낌이 와 닿는다. 이러한 스피치 스타일을 연출할 때에는 우선 구어체를 사용해야 한다. 문어체는 책에서나 나올법한 글쓰기 화법이기 때문에 딱딱하고 부자연스럽다. 말로 표현할 때는 뭐든지 표현 방식이 자연스러워야 하며 그 패턴이 일정한 말투를 써야 스타일이 생긴다.

격식 있게, 때로는 친근하게도 표현할 수 있고, 이 둘의 중간쯤에 속하는 표현으로도 가능하다. 참 신기하지 않은가? 다양한 요소 조합에 따라 마치 패션과도 같이 하나의 스타일을 가지게 된다는 점이 말이다.

최근에는 유튜버를 꿈꾸는 학생들도 참 많다. 요즘 대세로 떠오르는 직업이라고 해도 과장이 아닐 정도로 연예인에 이어 유튜버를 직업으로 삼고 싶다는 신선한 바람이 불고 있는 것이다. 이를 위해 말하기를 연습하고 촬영을 일찍이 시도해보는 분들이 많아졌다.

하루는 유튜버가 되고 싶은데 말투가 너무 아나운서 같다고 하소연을 하는 친한 동생을 만났다. 본래 방송을 하던 친구라서 그런지 한번 굳어진 스타일이 좀처럼 풀리지 않는 모양이었다. 그도 그럴 것이 이 친구가 쓰는 평소 말투가 약간은 90년대 아나운서와도 같았기 때문. 시대에 뒤떨어질 만큼 진지함의 끝판왕이라고 내가 놀리기도 했다. 말투는 격식체인데, 하고 싶은 일은 친근함의 끝판왕이 돼야 하는 유튜버라니!

나는 급기야 미디어 출연 경로를 바꾸려는 후배를 코칭하기에 이르렀다. 우선 인기 유튜버들의 말하기 스타일을 살펴본 뒤 일종의 교안을 만들어서 후배를 가르쳤는데, 일종의 비격식체에

능한 그들이었다. 물론 과하지 않은 비격식체를 써야 할 것만 같았다.

인기 유튜버 가운데에는 욕설이나 심한 음담패설, 그리고 언어를 파괴하는 수준의 말을 계속 쏟아내는 경우도 있었는데, 그런 방식은 호불호를 심하게 가르는 시청자 편중 현상이 있기 때문에 안전한 스타일이면서도 친근하게 다가갈 수 있는 방법을 모색했다.

: 비격식체가 친근하다

언어 스타일은 상황에 따라 격식체와 비격식체로 나뉠 수 있는데, 그 스타일이 주로 어떠한 상황에서 자주 쓰이느냐 하는 것을 기준으로 분류한다. 유튜브라는 플랫폼은 블로거를 영상으로 만나보는 느낌이 굉장히 강하기 때문에 마치 친구에게 정보를 전달해주는 느낌으로 비격식체를 사용하는 것이 좋다. 호칭마저도 일반적인 이름이 아니라 애칭을 주로 쓰지 않는가? 만약 어려운 사이에서 사용하는 격식체를 사용했다가는 거리감을 느끼기도 전에 딱딱함 때문에 외면당하고 만다. 물론, 일부러 콘셉트를 딱딱한 말투로 잡아 웃음을 유발하는 사례도 있겠지만 어디까지나 전략이 먹혔을 때의 이야기다.

⠄ 쉽고 트렌디한 단어가 친근하다

'형언할 수 없는', '무지몽매한', '심심한 사의'와 같이 직관적으로 와 닿지 않는 격식체는 친근함을 방해한다. 어렵기도 하고 한자로 구성된 단어는 글이나 격식을 차려야 하는 연설문에서 쓰는 것이 좋다. 유튜브에서는 보다 친근함을 주기 위해서는 불완전한 문장도 괜찮다. 되도록 우리 한글로 이뤄진 단어, 유행어, 쉽게 풀어쓸 수 있는 말을 주로 사용하는 것이 효과적이다.

예능 프로그램 방송도 그러하지만 특히 유튜브는 개인미디어이기 때문에 더욱 대화처럼 자연스러워야 한다. 시청자를 가까이 끌어들여야 더 좋은 효과를 볼 수 있는 3분~5분 내외의 유튜브 콘텐츠를 위해서 친근체를 사용하는 것은 필수인 셈이다.

시청자의 속성이 1020 세대에 가깝다면 어려운 지식도 쉽고 재미있게, 토론이 아니라 소통이 될 수 있도록 연출하자. 단, 너무 유치하고 조악하다는 느낌이 들 때면 오히려 역효과를 낼 때도 있다. 어린아이와 같이 "~욤" "~거든용"과 같은 어미처리를 줄인다거나 우스꽝스러운 말버릇을 자주 노출하는 것은 아닌지를 가늠해보도록 하자.

모든 것에는 완급조절이 필요하다. 스피치도 마찬가지로 융통성을 발휘하여 때와 장소 목적에 맞는 스타일을 감각 있게 연출해보자.

#콘셉트스피치 #유튜버스피치 #친근한표현
#비격식체 #쉽고트렌디하게

'뷰티크리에이터'의 말하기

"꼼화아가씨들, 요기서부터 요로케 바르세요~!"

"언더도 그냥 톡톡톡~ 터치하듯이 가볍게 하심 돼요. 요로케 발라주면 됩니다!"

"따악 쥐똥맨치로 요만큼만 짜떠염!"

보면 볼수록 빠져드는 유튜버가 있다. 특히 청소년들부터 젊은 여성들이라면 화장법을 재미있게 알려주는 뷰티 관련 유튜버에게 그야말로 홀릭(holic)할 수밖에 없다.

'혹시 그들만의 특별한 말하기 특징이 있는 것은 아닐까?' 하고 궁금해하는 분들이 요즘 많이 계셔서 뷰티크리에이터만의 말하기 특징에 대해 몇 가지 정리를 해보려고 한다.

: 평소 말투를 그대로 구사한다

가장 중요한 사실은 뷰티크리에이터도 유튜브라는 플랫폼을 기반으로 말하기 콘텐츠를 전달하는 입장이기 때문에 어디까지나 친근체로 말을 해야 한다.

특히 인기가 있는 유튜버의 경우 사투리를 쓴다거나 엉성한 느낌으로도 귀여움을 뿜어낸다거나 하는 식으로, 만들어내지 않은 순수 100% 자기의 말투를 쓴다는 특징이 있다. 스트리밍의 라이브 방송일수록 실시간 댓글 소통이 많이 일어나기 때문에 자기 본연의 색깔이 묻어날수록 흥미와 친근감을 더 하는 경향이 짙다.

: 목소리 톤, 발음은 절대적인 영향력이 아니다

의미와 뜻의 전달도 중요하지만 아나운서나 배우가 아닌 유튜버의 경우, 의외의 속도감과 발음에도 구독수가 많은 유튜버들이 많다. 이러한 사실은 무엇을 의미할까? 그야말로 친근한 개성이나 매력이 더 큰 영향력을 발휘한다는 사실이다. 오히려 목소리가 하이톤이고 평범하거나 평범하지도 못할 만큼 혀가 짧기도 하지만 인간적인 매력이나 유머감각이 있다면 팬이 급증하는 케이스가 많다.

: 시시콜콜한 일상을 말해라

인스타그램의 해시태그의 트렌드를 봐도 알 수 있듯이 타인의 #데일리 #일상에 관련된 호기심은 유튜브에서도 유효하다. 뷰티를 이야기하지만 단순히 사용법, 효능, 스킬만을 사용하는 경우 호응이 없다. 뷰티유튜버의 생활패턴, 사고방식, 이성친구 등의 시시콜콜한 얘기들을 곁들인다면 동질감이나 호기심을 느끼고 데일리 신문처럼 매일 받아 보고 싶은 '구독' 욕구를 느끼게 될 것이다. 일상을 가감 없이 드러내는 것은 스타 유튜버의 필수 사항인 셈이다.

: 단점을 말해라

이 세상에 단점이 없는 사람은 존재하지 않는다. 그래서 공감과 친근함이 더욱 중요한 유튜브에서는 단점도 솔직히 인정하고 말할 수 있는 용기가 필요하다. 요즘 특히 방송이나 유튜브의 토크 코드로 '셀프디스'가 자주 등장하는 편이다. 심지어 NG컷을 일부러 중간중간 집어넣어 부족함의 묘미를 예능으로 승화시키는 경우가 많다. 솔직함의 연장선상이라고 생각하면 된다. 나와 동떨어진 연예인의 신비주의와는 반대의 전략으로써 유튜버 자신의 단점을 먼저 밝히거나 민낯을 먼저 드러낸 다음 변화하는 모습. 그야말로 비포&애프터가 확실한 자극에 구독자들은 열광할 것이다. 가식과 예쁜 척은 비포가 아니라 애프터씬에서나 보여줘야 한다는 사실!

: 배경지식을 길러라

트렌드를 잘 알고 트렌드언어, 유행어를 쓰는 재미도 좋지만, 허술하거나 깊이가 없는 정보에는 한계가 생기고야 만다. 정말 뷰티 분야를 사랑하는 사람이라면 전문용어, 제품 정보, 트렌드에 대한 공부를 제대로 하고 방송을 진행하자. 요즘은 유튜브에서 정보를 얻고 학습을 하는 사람들이 날로 늘고 있는 추세인데 한국에서의 뷰티 분야는 외국인들도 시청할 만큼 특히 핫하다. 똑똑해 보일 필요까지는 없지만 적어도 관심의 정도를 보여줄 수 있을 정도로 관련 분야, 연관분야를 함께 결부시켜 깊이 있게 이야기해보자.

: 광고모델 뺨치는 표정변화

유튜버는 독자와 눈을 가까이 마주치며 카메라와 밀착된 채 말하는 경우가 많다. 전체 몸짓이 중요한 것이 아니라, 얼굴의 표정이 더 중요해지는 앵글인 경우가 대부분인 것. 이때는 손으로 강조하는 일이 많지 않기 때문에 평소보다 더 오버한다는 느낌으로 표정으로써 내용 강조를 해야 한다. 그야말로 얼굴 중에 움직일 수 있는 것들은 크게 움직여야 흥미롭다. 눈썹, 눈, 입은 말에 맞춰 표정을 크게 주도록 연출하자. 놀랄 때는 눈을 커다랗게, 웃을 때는 입이 찢어지도록, 친절하게 말할 때는 눈썹을 '쫑긋'하고 움직여주는 것만으로도 언어의 느낌은 배로 생생해진다. 광고모델이나 예능인, 잘 나가는 유튜버의 표정으로 배움을 얻자.

내가 어릴 적에만 해도 초등학생들의 꿈은 경찰, 의사, 선생님, 과학자 같은 패턴이 많았는데, 요즘은 아이돌, 연기자에 이어 유튜버가 심심치 않게 장래희망으로 등장한다고 하니 격세지감을 느끼게 된다.

혹시라도 이 책을 보는 독자 중에 유튜버나 연예인이 되고 싶은 분들이 있다면 이것 한 가지만 기억하면 될 것 같다. '남과 다른 나만의 느낌을 찾아 나서자!'

#뷰티크리에이터스피치 #친근한스피치 #평소말투
#어색함NO #표정의달인

손석희 앵커, 인터뷰의 달인

국내에서 가장 많은 사람들이 신뢰하는 언론인을 꼽으라면 단연 손석희 앵커가 거론될 것이다. 실제로 그는 우리나라에서 '신뢰받는 언론인 1위'를 오랫동안 차지하고 있기도 하다. 필자 또한 기업의 커뮤니케이션 강의를 하면서 '말하기 롤모델로 삼고 싶은 유명인'에 관해 설문을 하곤 하는데, 손석희 앵커를 롤모델로 삼고 싶어하는 분들이 항상 압도적으로 많기 때문에 그의 명성을 직접 체감하곤 한다.

이러한 그가 언론인으로서 살아가는 다양한 생활상, 그리고 방송이나 책으로 전했던 각종 어록들을 살펴보는 것은 하나의 큰 즐거움이 된다. 더불어 그에게는 특유의 스피치 비결들이 존재하기 때문에 항상 다수의 관심이 쏠린다. 과연 어떠한 말하기 방식이 숨겨져 있기에 이토록 많은 사랑을 받는 것일까?

∷ 올바른 질문화법을 사용하자!

그는 방송에서도 보다시피 인터뷰의 달인이다. 상대방의 이야기를 끌어내고 그것에 대해서 이야기를 펼치는 데에 고수인 것. 적절히 호응을 하고 맞장구를 치기도 하지만 자신이 알고 싶은 내용으로의 화제로 리드하는 능력도 뛰어나다. 즉 질문의 고수이기도 한 것이다.

질문을 잘하는 사람이 되기 위해서는 먼저 세 가지 요건을 숙지하도록 하자.

- 상대에게 관심을 가지고 주목한다
- 상대의 얘기 속에서 핵심 키워드를 꺼내어 질문한다
- 자신의 의견은 상대가 묻지 않는 한 말하지 않는다

상대의 얘기 속에 포함되어 있는 키워드를 끌어내어 깊이 있는 질문을 이어가면서 자연스럽게 내가 알고 싶은 것들을 꺼내도록 만드는 방식이 관건이다. 또한 질문을 할 때 상대방의 눈을 잘 응시하는 것은 매우 중요하다. 상대방을 불안하게 만들면 대화 또한 원활해지지 않기 때문이다.

질문화법을 사용할 때 '이 사람은 도대체 뭘 알고 싶어서 취조하듯 말하는 거지?'라는 오해까지 살 염려가 있으므로 특히 조심해야 한다. 질문을 할 때의 목소리 톤, 그리고 표정, 억양 처리에 신경을 기울여야 인터뷰 형식의 소통이 제대로 이뤄지는 것이다. 이러한 질문의 요건들을 지켜가면서 '맞장구, 끄덕임'의 몸짓언어를 곁들인다면 그야말로 금상첨화!

: 진지함과 유머의 밀당, 긴장 완급조절!

손석희 앵커는 인터뷰 간간이 가벼운 말과 유머를 적절히 섞어 대화하는 매력이 엿보인다. 상대방이 편안하고 심리적으로 거리를 두지 않게끔 긴장을 풀어주는 효과를 낸다. "너와 이야기해서 너무 좋았어. 마음이 편해지는 것 같아."라는 화답을 듣는 사람이라면 이미 이러한 기술을 잘 사용하고 있다고 자부해도 좋겠다.

유감스럽게도 비호감으로 낙인이 찍히는 사람이라면 이제부터 일방적으로 질문하고 일방적으로 말하지는 않는지에 대해서 심각하게 고민을 해 볼 필요가 있다.

'저 사람은 굉장히 자기중심적이다'라는 느낌은 불쾌감을 주는 스피치의 요건을 가지고 있기 때문인데, 대체로 주고받는 말하기에 익숙하지 않은 화법이 문제다. 지식이나 정보를 주고받는 상황에서도 어디까지나 단계와 완급조절이 필요하다.

유머와 위트가 있는 사람, 편안함을 주는 사람이라는 인식을 심어주기 위해서는 말의 앞과 뒤, 내용과 내용을 이어가는 가운데 적절하게 가벼운 주제와 관련 유머를 섞어줄 필요가 있다. 때로는 어렵고 힘든 이야기에 감사와 위로를 곁들이며 다음 말로 이어가는 방식, 그리고 그것에 진심이 담긴 말투와 표정을 구사하는 노력이 필요하다.

소통을 위한 인터뷰 형식과 좋은 질문의 요건들이 한편으로는 '눈치와 센스가 얼마나 있느냐'로 대변되기도 한다. 제법 감각을 기르는 시간이 필요하며 다양한 시행착오를 겪어야만 소통 실력이 는다는 것도 알아두자.

#손석희스피치 #질문의달인 #상대맞춤형
#완급조절 #진지n유머_밀당

완급조절의 고수, 방송인 전현무

"전현무처럼 재미있게 말하고 싶어요!"

그는 요즘 학생들의 핫한 스피치 롤모델 중 한 명이다. 대학 교양 수업과 특강을 다니기에 나름의 설문과 질문을 하곤 하는데, 몇 년 사이 독보적으로 떠오른 아나운서계의 핫스피커다.

어쩌면 핫하다는 말보다 힙하다는 말이 더 어울린다. 그는 매우 똑똑한 지성인이지만 결코 언행이 고루하거나 딱딱하지 않기에 더욱 트렌디하게 느껴진다. 요즘 많은 이들이 원하는 커뮤니케이션 유형이 바로 예능과 교양의 균형감이 아니던가. 딱 그 정점에 서 있는 방송인으로 떠오르는 스타일일 수밖에 없다.

물론 그에게도 지난 시간은 늘 달콤한 꿀 같지가 않았다. 시련 없는 성공이 어디 있겠는가. 다양한 시도와 도전의 과정 속에서 쓴잔을 마신 적도 다수 있었지만 겸허한 자세와 식지 않는 열정이 그를 지금의 자리로 이끌었을 테다.

특유의 너스레는 곧 MC캐릭터가 되었고 예능인 뺨치는 끼 그리고 정확한 전달력과 무게감을 겸비하고 있었기에 많은 개그맨들 사이에서도 묻히지 않는 독보적인 빛을 발할 수 있었다.

예를 들어 MBC 인기 프로그램 〈나 혼자 산다〉에서는 패널과 게스트들이 자신에게 짓궂은 농담을 던지면 온몸으로 받아내고 재미있는 리액션을 보이며 웃음을 선사한다. 하지만 메인MC로서의 균형을 지키기 위해 스스로가 다른 멤버들을 과하게 괴롭히거나 강한 멘트로 기를 누르지는 않는다. 흡사 유재석씨와도 같이 멤버들의 멘트 분량을 조절하고 분배하는 능력 또한 엿보인다.

지난 2017년 MBC 〈연예대상〉 수상 당시에는 소감마저도 아나운서 출신 그 자체였다. 그토록 원하던 수상이었음에도 불구하고 담담함을 잃지 않는 모습이었으며, 정돈된 말솜씨로 차분하게 소감을 이어갔다. 그리고 마지막엔 시청자의 마음을 흔드는 한마디까지 잊지 않고 덧붙였다.

"고향 K본부에도 봄바람이 불기를 바란다"는 대의적이면서 뜨거운 한마디의 메시지를 남겨 화제가 됐다. 역시 클로징멘트를 아는 굿스피커라는 생각이 절로 드는 순간이었다.

나는 아나운서 아카데미를 전현무씨와 같은 곳으로 다녔다. 그래서 내가 아카데미 다닐 때(2006년), KBS를 합격한 전현무 선배의 멘트 테스팅 비디오를 친구들과 함께 보면서 분석하던 추억이 떠올랐다.

오랜 시간 그의 성장을 지켜봐 온 한 사람의 시청자이자 후배이기 때문에 그의 연예대상에 대해서는 많은 감흥을 가질 수밖에 없었다. 나 또한 앞으로 커리어의 선상에서 완급조절이 가능한 방송인, 작가, 강사가 되고자 열심히 각오를 다져본다.

김성주 아나운서의 '신뢰스피치!'

남녀노소 누구나 알고 있을 법한 대한민국 대표 스피커 김성주 아나운서. 한때 MBC를 퇴사한 이후 잠시 공백이 있기도 하였으나, 이후 꾸준한 행보로 이제는 방송사 제작진들이 믿고 쓰는 진행자로 자리매김한 노력파 아나운서!

"60초 후에 공개합니다!"

슈퍼스타K를 더 슈퍼급으로 만들어준 K스타일 MC! 그러나 교육 현장에서 기업인& 학생들과 끊임없이 소통하고 있는 나의 입장에선 솔직히 의아한 부분이 하나 있었다.

닮고 싶은 스피치 롤모델로 김성주 아나운서를 손에 꼽는 사람이 의외로 많지 않았다는 것! 일반, 기업인과는 다르게 대학생의 경우 오히려 김구라씨, 전현무씨와 같이 예능감과 개성이 강한 스피커를 손에 꼽는 경우 또한 많아 나를 솔깃하게 만들었다.

이유를 곰곰이 생각해봤더니 이러한 현상은 그의 장점들과 상관이 있을 거란 결론이 났다. 말을 업으로 삼는 스타 아나운서이지만 일반인들 사이에서 롤모델로 다수 거론되지 않는 아이러니한 이유!

편안하고 안정된 이미지로 방송계에 녹아든, 기본옵션 같은 존재감을 자랑하기 때문에 튀는 방송인들에 비해 의식적으로 그를 거론하기가 어려워지는 까닭이다.

(어디까지나 개인적인 다수의 경험과 유추에 의한 내용^^)

그렇다면 그의 편안하고 안정된 진행 솜씨는 구체적으로 어떤 모습을 띄고 있을까?!

: 말의 속도가 안정적이다

불안하고 조급함이란 없는 프로만의 여유, 바로 말의 속도감에서 찾아볼 수 있다. 다수의 대중 앞에서 말을 할 때는 빠른 템포보다는 조금 느린 속도감이 오히려 장점이 된다. 청중은 말을 받아들이고 이해하는 속도가 의외로 느리거나, 혹은 개인차가 있기 때문에 이를 배려하는 차원에서다.

'더하기, 빼기… 열심히 계산 중인데 다음 문제로 넘어가네!' 이런 속도감의 불만을 내지 않기 위해서는 우선 화자의 '끊어 말하기'가 중요하다. 김성주 씨는 끊어 말하기가 일품인 까닭에 한 마디, 한 마디가 또렷하게 귀에 들어온다. 이 부분은 여타 MC들에 비해 아나운서 출신이라는 장점이 유난히 돋보이는, 전달력 장점 포인트가 돼준다.

조급한 성격이라든지 긴장감 탓에 오는 말 빠르기로 인해 손해를 보고 있는 사람이라면? 원고나 책에 '/ / / /' 기호를 표시하여 한 마디 한 마디 끊어 말하는 훈련을 당장 실천할 것을 추천한다. 어느 순간 이것이 무의식에 배여 대화에서도 발표에서도 보다 명확한 전달을 구사하고 있는 당신을 발견할 것이다. 동시에 "설명이 참 나긋나긋하다!", "또박또박 말을 잘한다!", "귀에 쏙쏙 들어온다!"라는 반응을 얻을 수 있을 것이다.

⋮ 엑센트가 살아있다

"선생님, 말의 강조점을 어디 어디에 둬야 가장 이상적일까요?"

교육생들은 엑센트를 저마다 두고 싶어 하지만 대체 어디에 그 포인트를 두고 훈련할지에 대해 굉장히 궁금해하는 경우가 많았다.

보통은 말의 시작점, 그리고 강조하고 싶은 의미의 시작에 두라고 조언을 드리고 있다. 강조점에는 동그라미를 표시해보자. 원고나 책을 가지고 동그라미 표시를 열심히 한 뒤, 그 부분에서는 배에 힘을 주며 발성을 살리는 것이 스피치 엑센트의 포인트다!

글로써 이 같은 느낌을 전달하기가 힘들기는 하지만, 김성주 아나운서의 말을 유튜브나 TV 방송으로 관찰하며 들어보는 것이 정말 백문의 불여일견이 될 것이다!

엑센트가 살아있는 말은 귀에 자극을 주는 효과가 있기 때문에 내용과는 별개로 또 다른 흥미를 불러일으키는 효과가 있다. 내 말이 참 다큐스럽게 재미가 없다라고 생각이 드는 분들이라면 당장 엑센트에 변화를 줘보는 것이 좋겠다.

： **어휘 사용이 참하다**

착하다기보다는 참하다고 표현하고 싶다. 너무 착해서 다큐멘터리 수준으로 예능을 진행한다면, 정말 시청자 입장에서 "너~~~~무 노잼이다." 평을 들을 텐데. 그의 말은 재미가 있으면서도 배려가 엿보여서 좋다.

유재석씨가 대표적인 배려화법 예능인의 케이스라면, 아나운서 출신 예능MC계에선 김성주씨가 배려 화법의 대표 주자가 되고 있다. 핵심 메시지를 바른말로 전하면서도 때로는 분위기를 살리는 비법들이 돋보인다. 직접 속어나 은어 등 괴팍한 말을 사용하지 않고서 게스트가 언급하는 엉뚱한 말들을 '참하게' 받아치는 것이 예능을 살리는 비법이다.

게스트의 수위 높은 말에 더 높은 수위로써 리액션 하는 '쎈' 진행자가 더러 있는 반면, 김성주 아나운서는 적절한 수위로의 마무리와 정리를 통해 분위기를 케어하는 모습이 일품이다. 통상적인 유머러스함과 예의성을 갖춘다는 것, 거기에 카리스마를 더한다는 것! 이것이 청중과 시청자를 아우를 수 있는 명진행자의 자격 요건이 되고 있다.

김성주 아나운서는 이 조건들을 두루 갖추고 있기에 비단 예능뿐만 아니라, 중요한 축구 경기가 있을 때마다 실력과 위트를 겸비한 중계자로서도 맹활약을 펼치곤 한다.

'모두에게 사랑받을 순 없지만, 다수에게 사랑받을 수 있는 스피치 방법은 무엇일까?'

'특별히 반짝인기를 모을 재간보다는 오래오래 사랑받는 말솜씨의 비법은 무엇일까?'

오늘도 말하기의 고민에 빠진 이들이라면 김성주 아나운서를 분석해보는 것은 어떨까!

플러스코드가 오래 사랑받는다

스피치 코칭을 하면서 내게 생겨난 하나의 직업병이 있다면 바로 '관찰병'이다. 특히 다양한 사람을 만나면서 한 사람, 한 사람의 개성과 화법을 관찰하다 보면 즐거움이 생기기도 하고 하나의 깨달음으로 이어져 강의의 소중한 소재가 되곤 한다.

그렇게 관찰을 하다 보니까 어떠한 소재에 사람들이 호감을 보이는지에 대해서 자연스럽게 알 수가 있었다. 바로 '긍정'이라는 코드를 사용할 때였다. 마치 페이스북에 '좋아요'가 달리듯이 긍정적인 가치에 더욱 많은 사람들이 엄지를 들어 올린다는 사실을 체득했다.

나는 스피치 강의를 할 때마다 소재에 대한 방향성을 '플러스 코드', '마이너스 코드'로 지칭하곤 한다. 긍정과 관련된 코드를 진솔하게 사용하면 얼마든지 많은 사람들의 공감을 얻고 그들을 행동하고 움직이게 만드는 설득력까지 얻을 수 있기 때문에 마이너스 코드는 지양하는 편이다. 사랑받는 방송인 중에서도 국민MC 유재석씨는 플러스코드의 좋은 본보기가 되는 사람이다. 자극적이고 끝내주는 한마디를 던져서 사랑을 받는 MC들도 많지만, 유재석씨는 재치 이전에 바로 긍정형의 사고와 화법을 쓰기 때문에 매우 광범위한 계층에서 골고루 사랑을 받고 있는 것이 특징이다.

그의 플러스코드라는 것은 우선 3가지 요소로 분석될 수 있다. 표현력, 진정성, 감성이다. 이러한 긍정의 삼박자가 적절히 어우러져 넘사벽이라 불리는 지금의 스타성을 차곡차곡 쌓을 수 있었던 것이다.

: 표현력의 플러스코드

유재석씨의 경우는 첫인상이 굉장히 호감적이다. 늘 상대방을 환한 잇몸미소로 다가서는 유재석씨에게서 거리감이란 전혀 찾아볼 수가 없다. 또한 스킨십이나 몸짓, 악수로써 '나는 당신을 좋아합니다.'라는 표현이 절로 배여 나오는 모습이다. 그리고 동시에 분위기를 상승시키는 긍정형 멘트를 건넨다.

"처음 뵙겠습니다. 카톡 프사 다시 찍어서 올리셔야겠는데요? 사진도 멋있는데 실물은 몇 배 더 멋있으세요."

유재석씨는 늘 처음 만나는 초대 손님에게 오버스러운 칭찬은 먼저 할망정 절대로 '사진이 더 낫네요.'라고 하며 상대방을 깎아내리지는 않는다. 또한 "이렇게 직접 뵙게 돼서 무척 영광입니다."라고 말하며 항상 스스로를 낮추는 태도를 겸비하고 있어 좋은 인상을 줄 수밖에 없다. 이렇게 말하면 미리 관심이 있었는데 만남 이후에 더욱 호감이 생겼다는 말이니까 소개팅이나 비즈니스 미팅에서도 활용하면 손색없는 긍정형 멘트가 된다.

⋮ 솔직하고 빠른 인정과 사과

국민MC라고 해서 늘 칭찬받는 말만 하는 것은 아니다. 때로는 사람이기에 실수를 할 수도 있다. 이때 유재석씨뿐만 아니라 사회의 명망 있는 분들에게서 관찰할 수 있는 한 가지 큰 특징이 있다. 실수를 하고 나서는 그 즉시 인정을 하고 빠르게 사과의 표현을 한다는 점. 사과를 할 때는 물론 진심으로 사과하는 것이 매우 중요하다. 말과 동시에 비언어적인 태도를 적절히 취하며 사과를 해야 뜻이 제대로 전달될 수 있다. 진실된 사과는 인상에 남아 오히려 좋은 관계나 미래를 형성하는 경우도 많다. 플러스코드로써 마이너스의 기운을 전환시키는 좋은 예가 된다. 진심과 동시에 중요한 요건이 바로 빠른 사과다. 사과를 하기 전까지 많은 생각이 필요할 수도 있지만 사람들의 머릿속에 이런저런 오해와 억측을 남길 수 있으므로 너무 많은 시간을 끌지 않아야 한다.

"제가 실수를 했습니다. 정말 진심으로 사과드립니다."라는 말이 사실 쉽지가 않다. 하지만 최근 기업이나 연예계의 사례를 보았을 때 사과는 빠르면 빠를수록 효과가 좋았으며, 무엇을 어떻게 인정하고 왜 사과하는지에 대한 구체성은 그 효과를 더욱 높여주는 역할을 한다. 그리고 가장 먼저 사과하는 사람이 사실은 플러스코드를 양산해내는 용기 있는 사람이라는 것도 명심하자.

: 상대의 감정에 가까이 다가서라!

공감을 바탕으로 주는 신뢰는 그 어느 것보다도 탄탄한 플러스 기운을 내뿜는다. 이로써 유대감을 형성하기 때문에 화자에 대한 애정이 생겨나기도 한다. 바로 우리가 감성지능이 높은 사람이 돼야 하는 이유이기도 하다. 유재석씨는 본래 사람을 좋아하고, 동료와 출연자에 대한 애정이 늘 넘치는 사람이다. 항상 자연스럽게 촬영 전후로 출연진을 챙기는 모습과 미담이 인터넷으로 전해지기도 한다.

더불어 늘 상대방의 반응을 의식하고 읽는 데에 많은 에너지를 쏟아 붓는 모습이 두드러진다. 그리고 전체 분위기를 조절하는 능력까지도 뛰어나기에 '국민'이라는 수식어를 얻는 것이 당연하게 느껴진다. 남들이 감정조절을 못 할 때 유재석씨가 그들의 조절자 역할을 하고 있는 상황을 자주 볼 수 있다.

말은 머리에서 나오는 것과 가슴에서 나오는 것 간의 차이가 극명하게 벌어지는데, 스피치에 있어서 감성과 공감은 상대방에 대한 설득 여부를 확인사살 해주는 최고의 무기이다. 따라서 유재석씨가 뿜어내는 감성 소통의 위대성을 좀 더 알아볼 필요가 있다. 스피치를 실행하는 가운데, 타인의 감정에 최대한 공감하려고 노력하는 사람은 대개 경청을 하는 특징을 보인다. 경청을 하지 않고서 혼자 할 말을 늘어놓거나 상황을 독식하고 있게 되면 공감이 아니라 공허함만을 남기고야 만다.

"우리는 거의 무의식적으로 다른 사람의 감정 상태를 알아낸다." 폴 에크만이 남긴 유명한 말이기도 하다. 사람은 굳이 의식적인 노력을 기울이지 않더라도 타인의 감정 상태를 인식하는 기술을 이미 탑재하고 있는 것. 여기에 커뮤니케이션적인 훈련을 더하면 감성지능은 상상 이상으로 높아질 것이다. 즉, 새로운 기술을 배우는 것이 아니라 '무의식을 인식'하는 습관만 기르면 성공적이다.

'얼마나 힘들었으면 그랬을까.', '나라도 그랬을 거야.' 하고 먼저 상대방의 입장에서 생각할 수 있다면 그때부터는 더욱 스피치의 고수가 될 수 있을 것이다.

#플러스코드 #유느님말하기 #호감형소재
#상대방읽기 #솔직한태도